大切な鳥笛のための、リネンの小さな袋。
Fågel（鳥）という文字を1本の赤い糸で描きます。
鳥は布に包まれて、赤い糸は布にそっと寄り添います。

布に描く
糸模様

秋山祐子

文化出版局

fågel 57

contents

布のこと

落ち着いた生成りの色、無地やストライプのリネンをはじめ、コットン、ウールの布を使っています。特にリネンは大好きな布で、最近はいろいろな種類のリネンが手に入りやすくなり、うれしいです。

リネンやコットンは使えば使うほど手になじんで気持ちよくなりますが、洗濯すると縮むことがあるので、作りはじめる前に先洗いやアイロンをかけて下準備をしておきましょう。また、洗いざらしのままの風合いもいいと思います。

織りの粗い布には太めの縫い糸、密度のある薄手の布には細い糸で刺しゅうをすることで、また新たな布に変わっていくのを楽しんでいます。

晴れた日や、曇りの日、寒い冬の日にも、部屋にこもっていつもの手仕事。

空模様を気にしながら、私は手の中の布に、1本の細い糸で模様を描いていきます。

物思いにふけりながら、手を動かし、糸のしるしを刻んだ "刺しゅう時間" は

静かで、ゆっくりとしていて、穏やかな気持ちにさせてくれます。

そうしてできた布には、ちくちくと刺した分だけの時と

なぜでしょうか、そのときの気持ちのようなものが残っている気がします。

気ままに針を動かし、型にとらわれず、自由な刺しゅうで

日常で使う布にちょこっと味つけ。

何気なく描いた模様や、よれた線、目分量な感じも、人それぞれの手仕事で

違った味わいがあるのだろうと思います。

そんな、ちょっとした糸遊び、糸模様を暮らしの中にちりばめて

自分らしく、楽しく過ごせたらいいな、と思っています。

2006年早春

秋山祐子

canvas bag／card case 54

fuwafuwa bag 52

aka+shirt 50

ao+shirt 50

dishcloth 51

B

C

hana bag 56

muffler 58

17

A

C

B

utsuwa 60

18

D

B

A

igokochi cushion 62

C

D

E

F

tablecloth

24

mori bag 68

B

C

D

A

E

hagihagi coaster 70

28

tea mat 49

A

B

handkerchief 42

30

D

C

handkerchief 72

31

wool cap 74

wool bag 74

A

double luncheon mat 76

B   C

tori bag 46

bookmarker 48

wanko 78

apron 79

40

how to make

この本で使った刺しゅうのステッチ
1 フライステッチ
2 レゼーデージーステッチ
3 ランニングステッチ
4 ストレートステッチ
5 クロスステッチ
6 バックステッチ
7 スターステッチ
8 変りブランケットステッチ
9 サテンステッチ
10 フレンチナッツステッチ

＊刺し方図は1〜8はp.43、9はp.47、10はp.49を参照。
＊作り方図案の数字単位はcm。

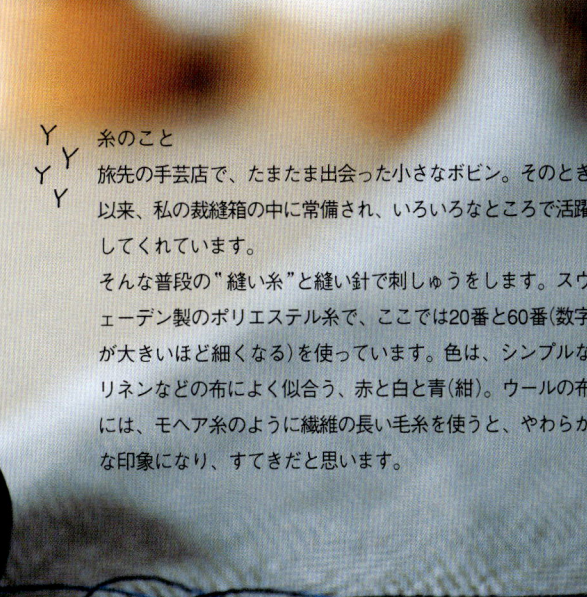

Y Y Y

糸のこと
旅先の手芸店で、たまたま出会った小さなボビン。そのとき以来、私の裁縫箱の中に常備され、いろいろなところで活躍してくれています。
そんな普段の"縫い糸"と縫い針で刺しゅうをします。スウェーデン製のポリエステル糸で、ここでは20番と60番(数字が大きいほど細くなる)を使っています。色は、シンプルなリネンなどの布によく似合う、赤と白と青(紺)。ウールの布には、モヘア糸のように繊維の長い毛糸を使うと、やわらかな印象になり、すてきだと思います。

handkerchief A,B
p.30

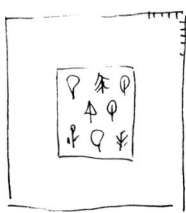

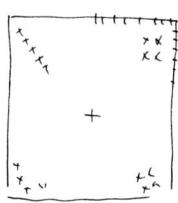

◎材料
布／薄手平織りリネンで作品Aは白37cm
正方、作品Bは白27cm正方
刺しゅう糸／ポリエステル糸20番手で作
品Aは紺、作品Bは赤と白
◎出来上り寸法
作品Aは35cm正方、作品Bは25cm正方

＊薄手の布は刺しゅうの裏糸が透けて見えやす
いので、図案を刺す順序を考えましょう。刺始め
と終りの結び玉もできるだけ小さくします。どちら
も縁は0.5cm幅の三つ折りにしてミシンで縫い、
その上に変りブランケットステッチを刺します。

A

35

17

17

35

変りブランケットステッチ

フライステッチ

三つ折りにしてミシンで縫い、
変りブランケットステッチで刺
しゅうをする

B

25

25

変りブランケットステッチ

三つ折りにしてミシンで縫い、
変りブランケットステッチで刺
しゅうをする

〈図案の刺し方〉

1 赤糸でクロスステッチを刺す

2 その上に白糸で四角を刺す

Bの刺しゅう図案（実物大）

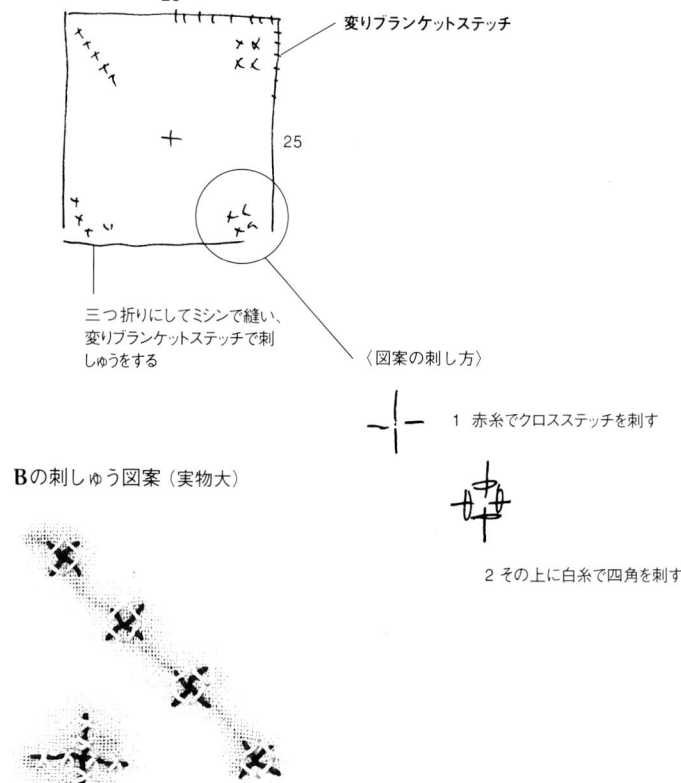

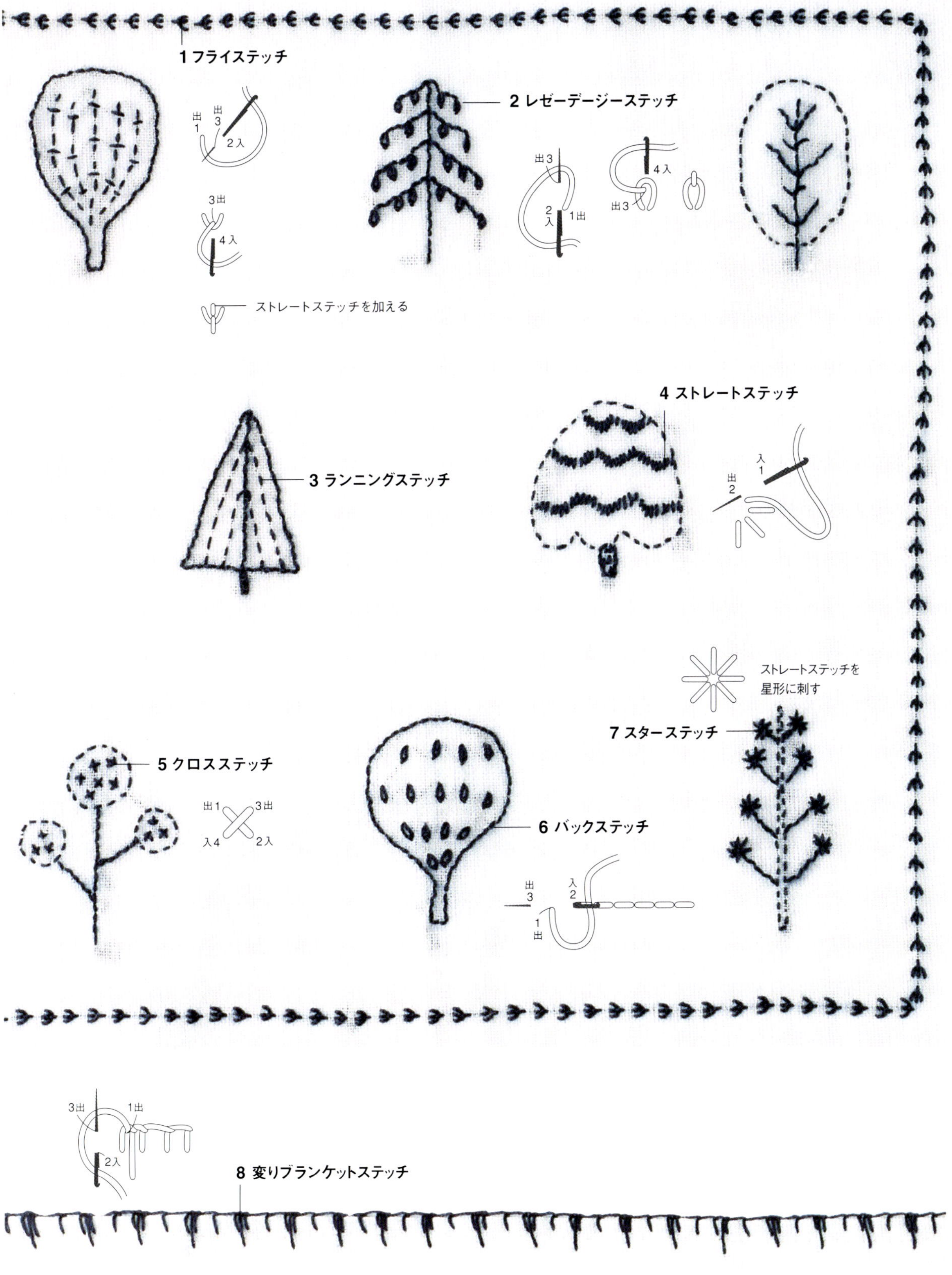

1 フライステッチ

出3
出1
2入

3出
4入

2 レゼーデージーステッチ

出3
2入 1出

4入
出3

ストレートステッチを加える

4 ストレートステッチ

入1
出2

3 ランニングステッチ

ストレートステッチを
星形に刺す

7 スターステッチ

5 クロスステッチ

出1 3出
入4 2入

6 バックステッチ

出3 入2
1出

8 変りブランケットステッチ

3出 1出
2入

tsutsumu

p.12

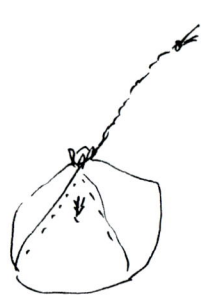

◎Aの材料
布／平織りリネンのベージュ35×70cm、綿
キルト芯30cm正方
刺しゅう糸／ポリエステル糸60番手の赤
その他／細い革ひも120cm（ループ用5cm
×3、三つ編み用35cm×3）
◎出来上り寸法
30cm正方

◎B、Cの材料
布／平織りリネンのベージュ各30×60cm、
綿キルト芯各25cm正方
刺しゅう糸／ポリエステル糸60番手で作品
Bは白、作品Cは赤
その他／細い革ひも各165cm（ループ用
5cm×3、三つ編み用50cm×3）
◎出来上り寸法
25cm正方

Cの刺しゅう図案（400％拡大して使用）

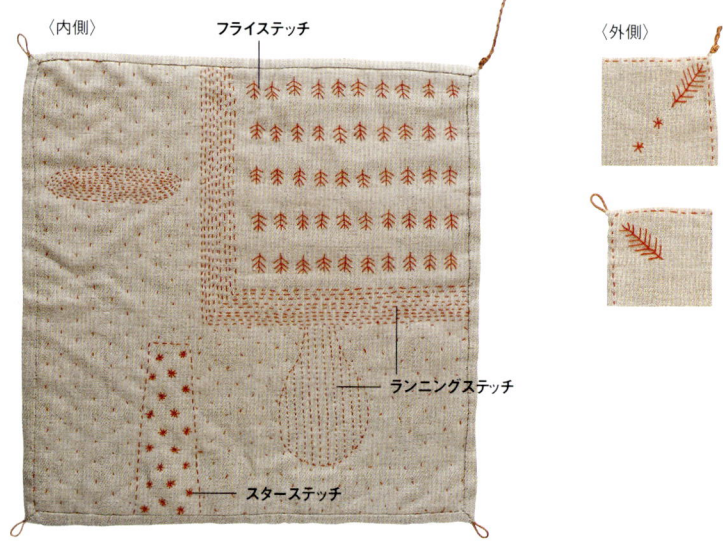

Bの刺しゅう図案（400％拡大して使用）

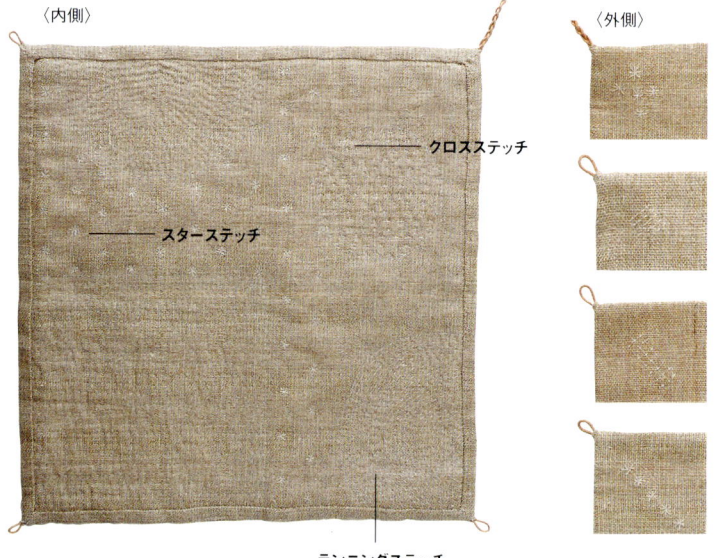

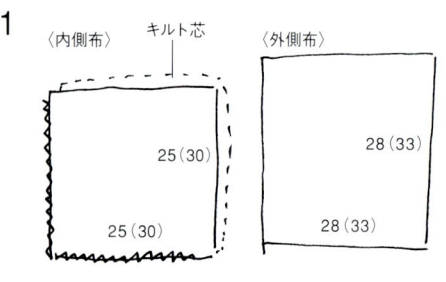

内側布とキルト芯を重ね、2枚の端にジグザグミシンをかける
＊（　）内の数字は作品Aの寸法

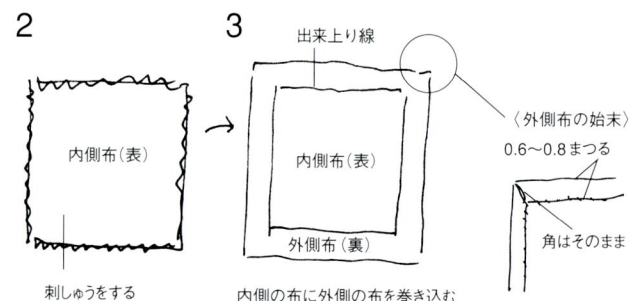

Aの刺しゅう図案 (250%拡大して使用)

〈内側〉 〈外側〉

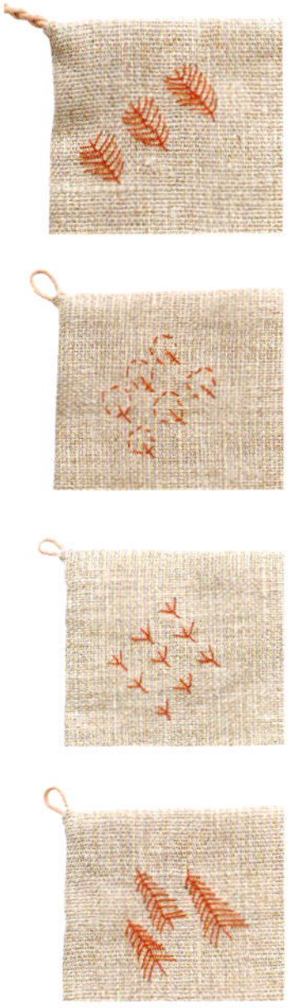

フライステッチ

ランニングステッチ

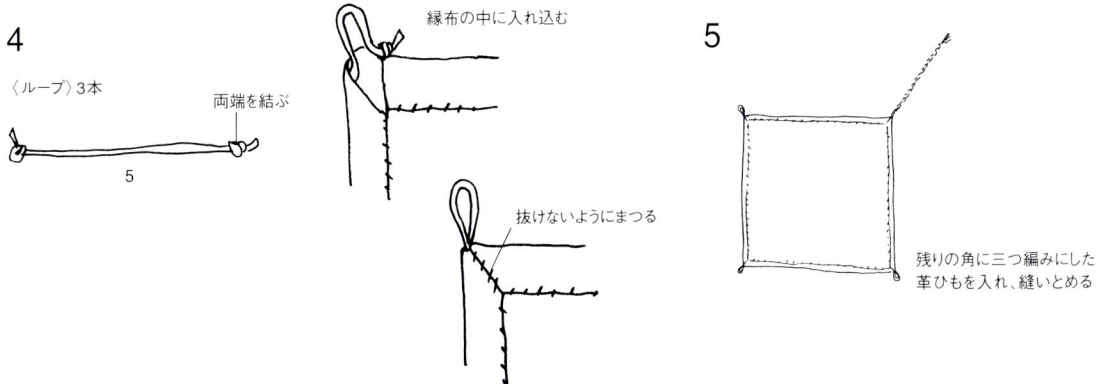

4

〈ループ〉3本　　両端を結ぶ

5

縁布の中に入れ込む

抜けないようにまつる

5

残りの角に三つ編みにした
革ひもを入れ、縫いとめる

tori bag

p.36

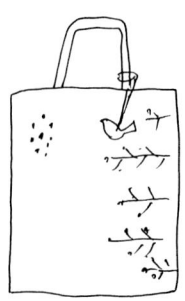

◎材料
布／綾織りリネンのベージュ150cm幅50cm、
綿キルト芯90cm幅40cm
刺しゅう糸／ポリエステル糸20番手の紺と白

その他／鳥のキーホルダー用に厚さ0.4cm
の木材適宜、革ひも20cm
◎出来上り寸法
縦31×横28cm（持ち手の長さは33cm）

1

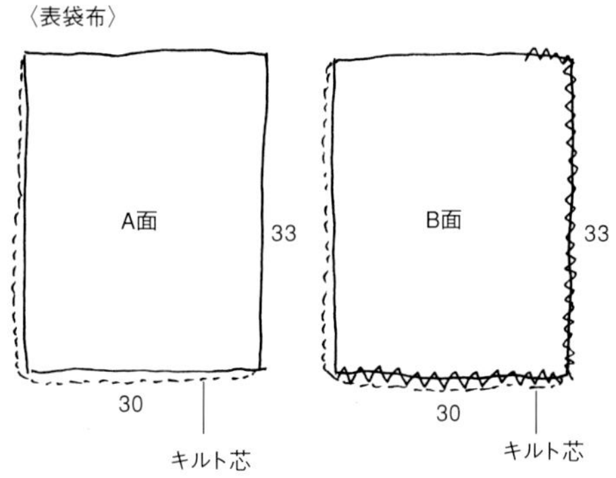

〈表袋布〉

A面　　33
30
キルト芯

B面　　33
30
キルト芯

表袋布と持ち手は、それぞれ
裏面にキルト芯を重ね、2枚
一緒に縁をジグザグミシンで
縫い合わせる

2

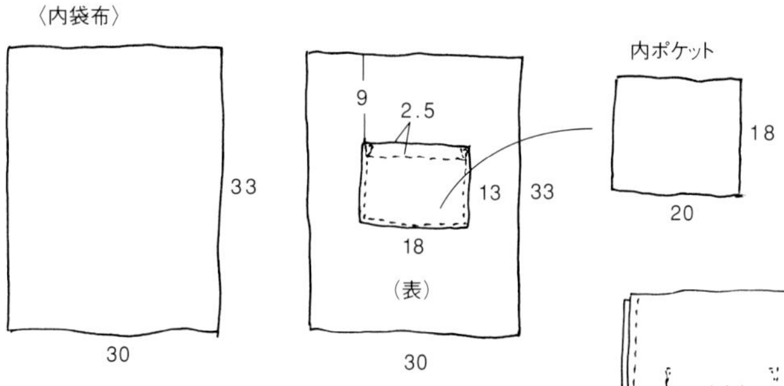

〈内袋布〉

33
30

9　2.5
13　33
18
（表）
30

内ポケット

18
20

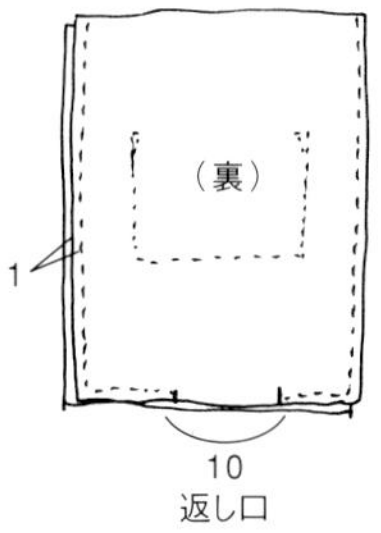

（裏）
1

2枚を中表に合わせ、底に返し口
10を残して3辺を縫う

10
返し口

3

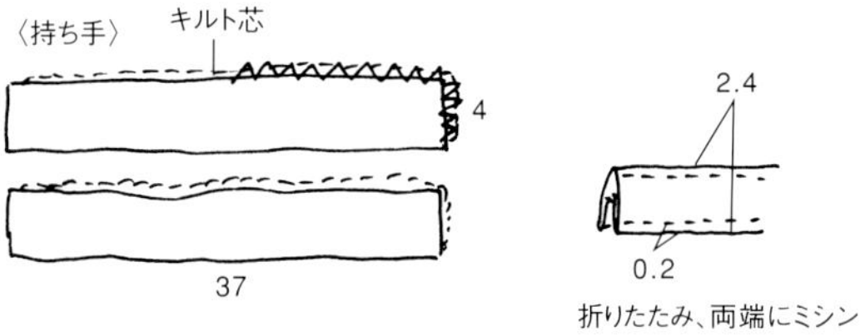

〈持ち手〉　キルト芯

4
37

2.4
0.2
折りたたみ、両端にミシン

4

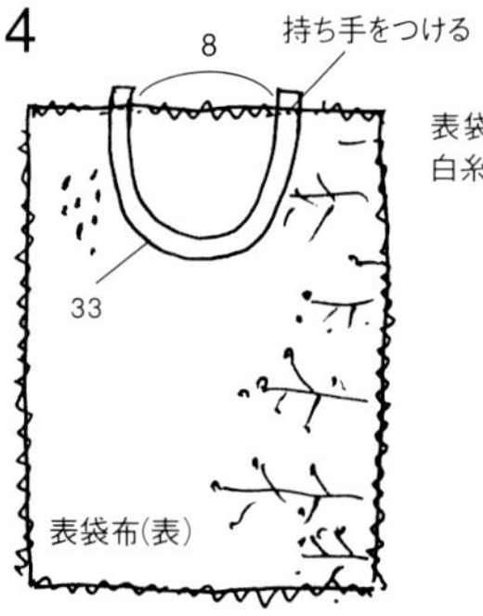

8　持ち手をつける
33
表袋布（表）

表袋布Aには紺糸で、Bには
白糸で刺しゅうをする

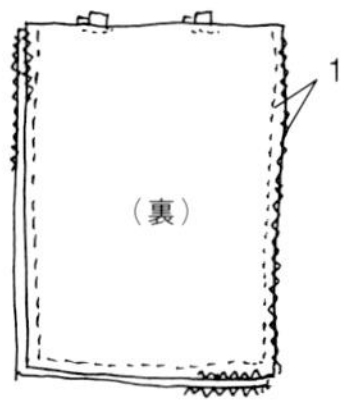

（裏）
1
2枚を中表に合わせて縫う

5

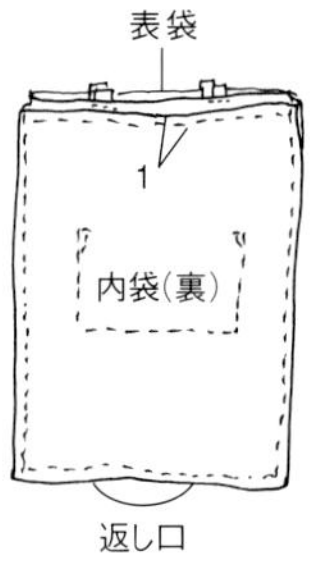

表袋
1
内袋（裏）
返し口

内袋の中に表袋を入れ、入れ口
を合わせて縫い、返し口から表袋
を引き出して表に返し、返し口を
とじて袋の形を整える。持ち手に
鳥のキーホルダーをつける

刺しゅう図案（138%に拡大して使用）

A面　B面

鳥のキーホルダー
革ひもを通す

ハックステッチ

9 サテンステッチ

bookmarker

p.38

◎ 材料（1点分）
布／平織りリネンのベージュと接着芯各
17×11cm
刺しゅう糸／ポリエステル糸60番手の赤ま
たは紺、20番手の赤または紺（ひも用）
◎ 出来上り寸法
縦約13×横約3.5cm

1

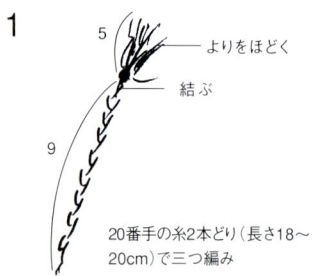

5 — よりをほどく
結ぶ
9
20番手の糸2本どり（長さ18〜
20cm）で三つ編み

2

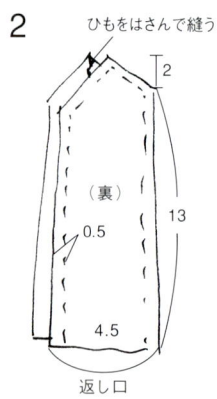

ひもをはさんで縫う
2
（裏）
13
0.5
4.5
返し口

布の裏面に接着芯をアイロ
ンではり、表面に刺しゅうをし、
2枚を中表に合わせて縫う

3

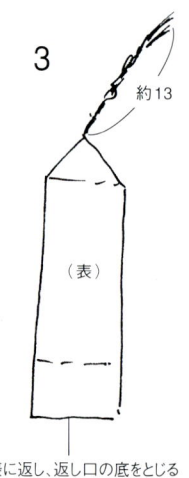

約13
（表）

表に返し、返し口の底をとじる

刺しゅう図案（実物大）

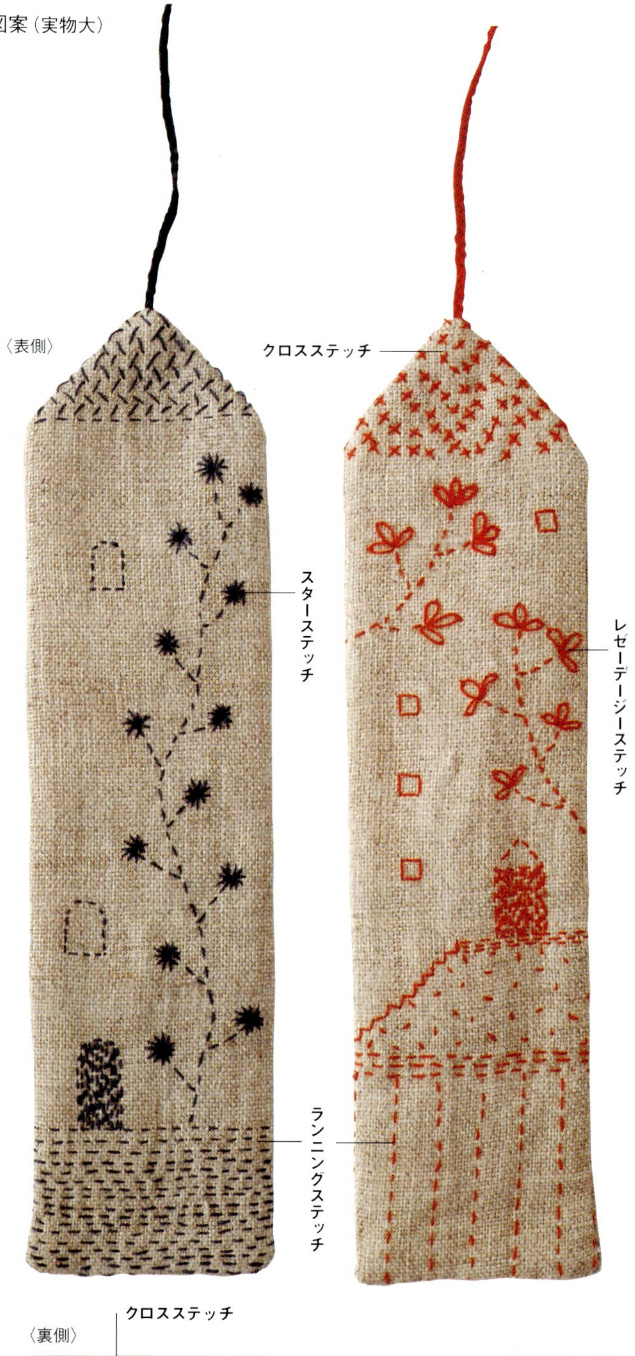

〈表側〉　クロスステッチ

スターステッチ

レゼーデージーステッチ

ランニングステッチ

〈裏側〉　クロスステッチ

T K

Y A

tea mat
p.29

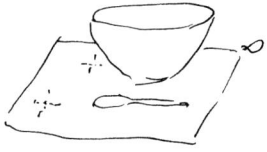

◎ 材料（1枚分）
布／平織りリネンのベージュとストライプ柄
各23×28cm
刺しゅう糸／ポリエステル糸20番手の赤
◎ 出来上り寸法
縦21×横26cm

Bの刺しゅう図案（実物大）

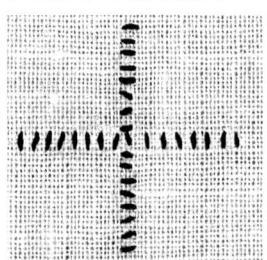

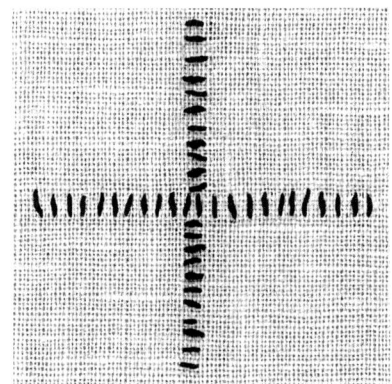

1

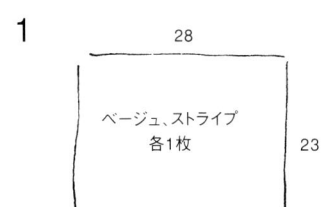

28

ベージュ、ストライプ
各1枚

23

2

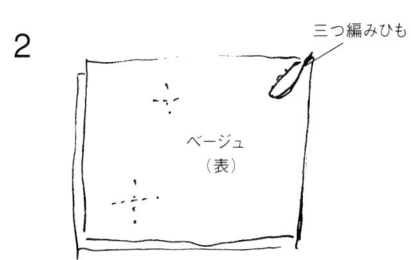

三つ編みひも

ベージュ
（表）

ベージュの布に刺しゅうをし、赤糸2本
どりで約7cmの三つ編みひもを作り、
ループにして布の角にとめつける

3

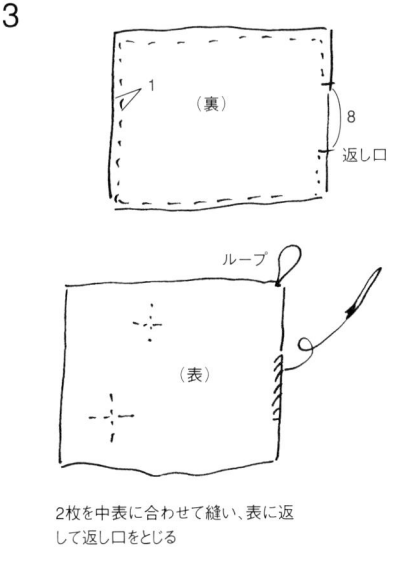

1

（裏）

8
返し口

ループ

（表）

2枚を中表に合わせて縫い、表に返
して返し口をとじる

10 フレンチナッツステッチ

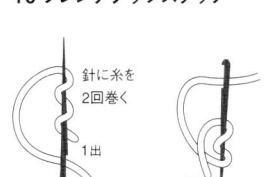

針に糸を
2回巻く

1出

出1　2入

Aの刺しゅう図案（実物大）

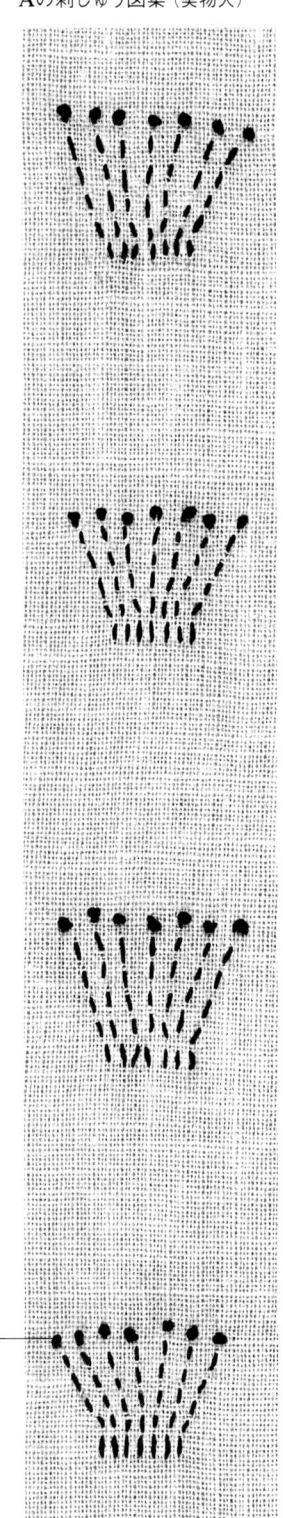

49

aka+shirt／ao+shirt
p.8,9

ao+shirt

aka+shirt

刺しゅう図案（実物大）

◎材料（1枚分）
シャツ／既製のリネンのシャツでaka＋
shirtは白、ao＋shirtはベージュ
刺しゅう糸／ポリエステル糸60番手でaka
＋shirtは赤、ao＋shirtは紺

＊aka＋shirtは身頃、袖全体に刺しゅうをランダムに入れ、ao＋shirtは衿と前立てと袖口に連続模様を刺しています。

dishcloth

p. 10

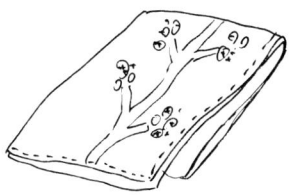

◎ 材料
布／平織りリネンのベージュ62×48cm
刺しゅう糸／ポリエステル糸20番手の赤と
ベージュ
その他／アクリル絵の具の白、筆
◎ 出来上り寸法
長さ59×幅45cm

1

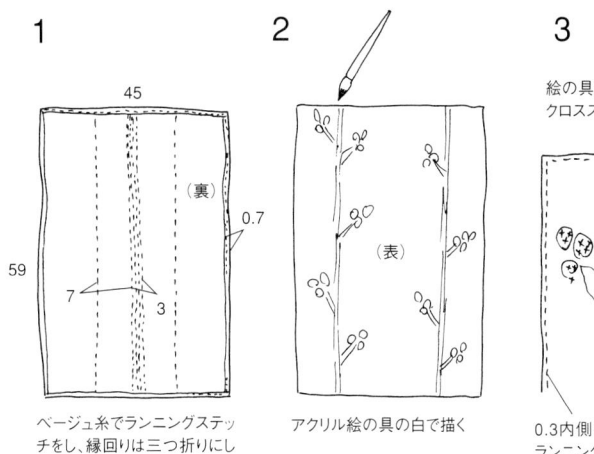

ベージュ糸でランニングステッチをし、縁回りは三つ折りにしてミシンで縫う

2

アクリル絵の具の白で描く

3

絵の具が乾いたら、赤糸でクロスステッチ

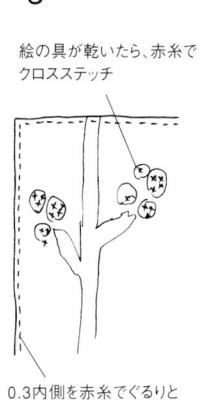

0.3内側を赤糸でぐるりとランニングステッチ

刺しゅう図案（実物大）

fuwafuwa bag

p.7

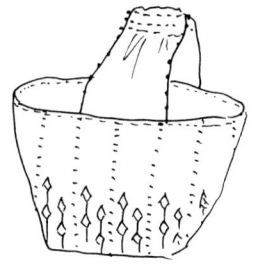

◎材料
布／表袋布＝綾織りリネンのベージュ
110cm幅80cm、中袋布＝綾織りコットン
のベージュ110cm幅60cm、ポリエステル
のキルト芯90cm幅100cm
刺しゅう糸／ポリエステル糸20番手の赤
◎出来上り寸法
幅45×深さ21cm

＊表袋布の表側と裏側、底と持ち手はそれぞれ
裏面にキルト芯をはり、2枚一緒に縁にジグザグ
ミシンをかけてから、刺しゅうをします。

表側の刺しゅう図案（実物大）

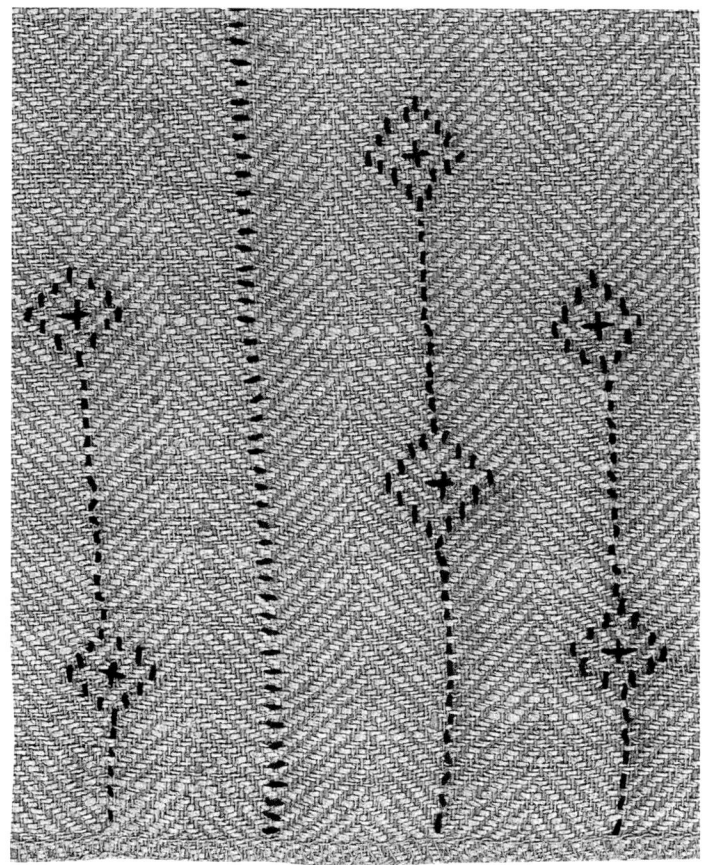

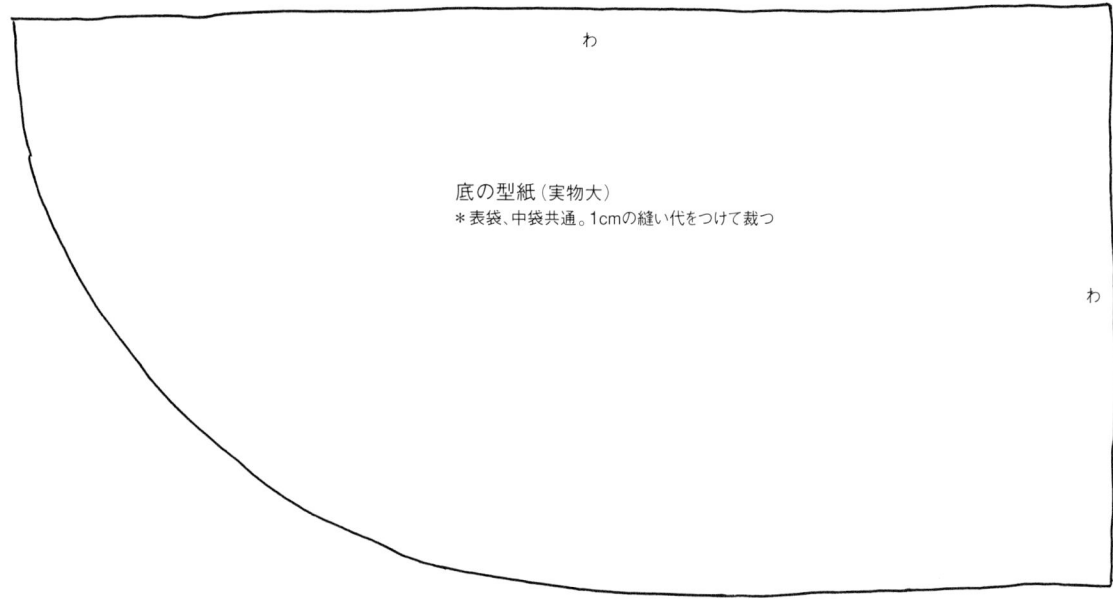

わ

底の型紙（実物大）
＊表袋、中袋共通。1cmの縫い代をつけて裁つ

わ

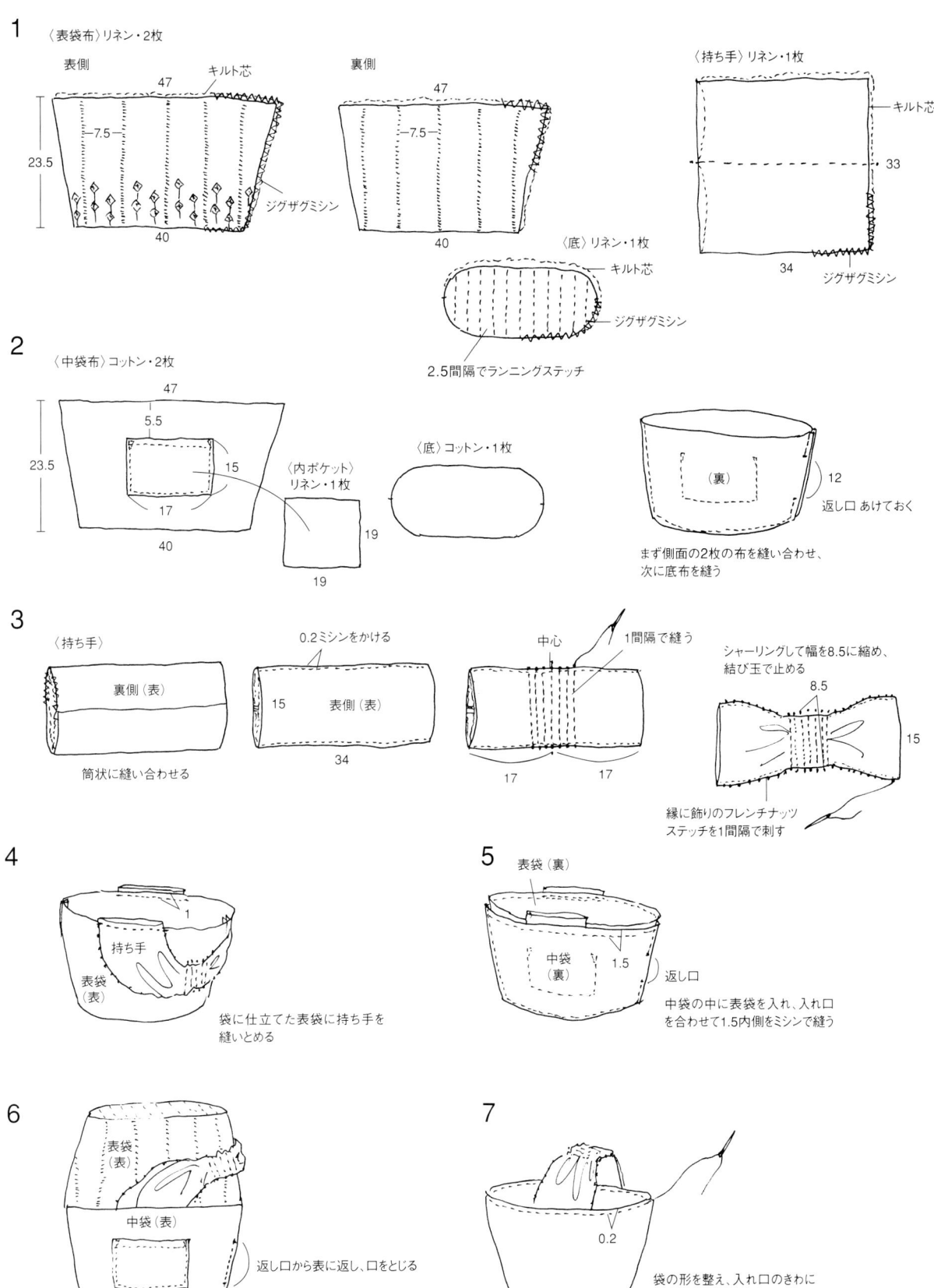

1

〈表袋布〉リネン・2枚

表側 キルト芯
47
—7.5—
23.5
40 ジグザグミシン

裏側
47
—7.5—
40

〈持ち手〉リネン・1枚
キルト芯
33
34 ジグザグミシン

〈底〉リネン・1枚
キルト芯
ジグザグミシン
2.5間隔でランニングステッチ

2

〈中袋布〉コットン・2枚
47
5.5
23.5
15
17
40

〈内ポケット〉リネン・1枚
19
19

〈底〉コットン・1枚

（裏）
12
返し口 あけておく

まず側面の2枚の布を縫い合わせ、
次に底布を縫う

3

〈持ち手〉
裏側（表）
筒状に縫い合わせる

0.2ミシンをかける
15 表側（表）
34

中心 1間隔で縫う
17 17

シャーリングして幅を8.5に縮め、
結び玉で止める
8.5
15
縁に飾りのフレンチナッツ
ステッチを1間隔で刺す

4

1
持ち手
表袋
（表）
袋に仕立てた表袋に持ち手を
縫いとめる

5

表袋（裏）
中袋
（裏）
1.5
返し口
中袋の中に表袋を入れ、入れ口
を合わせて1.5内側をミシンで縫う

6

表袋
（表）
中袋（表）
返し口から表に返し、口をとじる

7

0.2
袋の形を整え、入れ口のきわに
赤糸でステッチする

canvas bag

p. 6

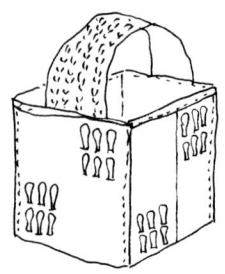

◎材料
布／油絵用キャンバス地90×100cm
刺しゅう糸／ポリエステル糸20番手の紺
その他／麻ひも適宜（持ち手用）、5/0号
かぎ針、アクリル絵の具の白、スタンプ用
消しゴム、ワイヤ1m
◎出来上り寸法
幅20×奥行き20×深さ19cm

＊bag、card caseともキャンバス地の麻面を表
に使います。また、入れ口の端は布の耳になる
ように裁ちます。bagの持ち手は麻ひもで細編
み（5/0号かぎ針）、編み終わってから両端の編
み目にワイヤを通すとしっかりします。

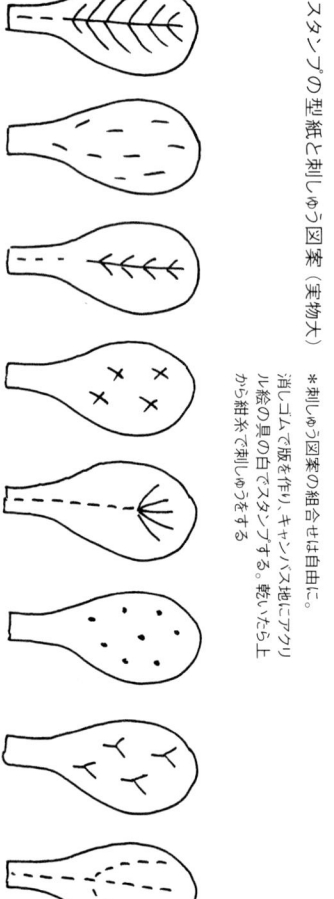

スタンプの型紙と刺しゅう図案（実物大）

＊刺しゅう図案の組合せは自由に。
消しゴムで版を作り、キャンバス地にアクリ
ル絵の具の白でスタンプする。乾いたら上
から紺糸で刺しゅうをする

1 〈表袋布〉側面・2枚

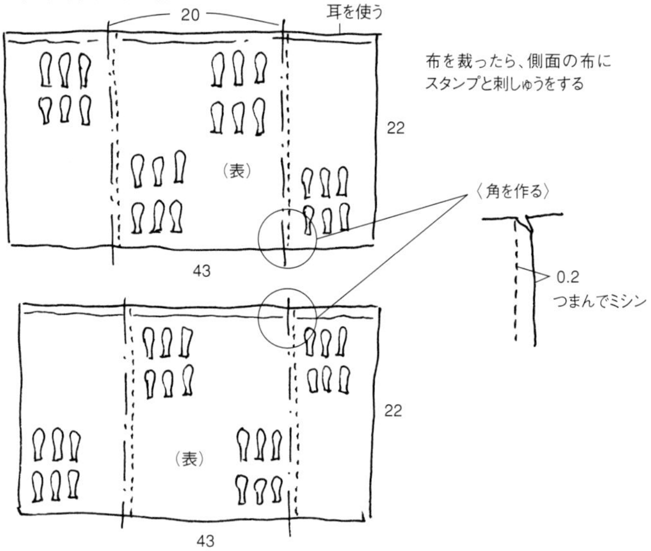

耳を使う
20

布を裁ったら、側面の布に
スタンプと刺しゅうをする

22

（表）

43

〈角を作る〉

0.2
つまんでミシン

22

（表）

43

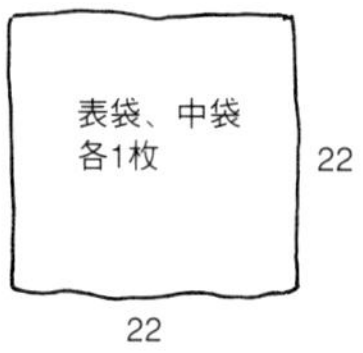

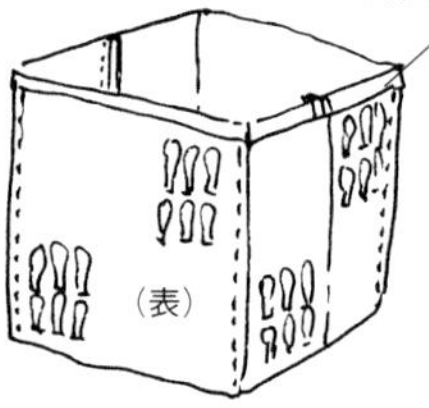

側面2枚を中表に合わせて縫い、
続けて底を縫い合わせて表に返
し、入れ口を0.8〜1外側に折る

2 〈底〉2枚

表袋、中袋
各1枚

22

22

（表）

3 〈中袋布〉側面・2枚

22

42

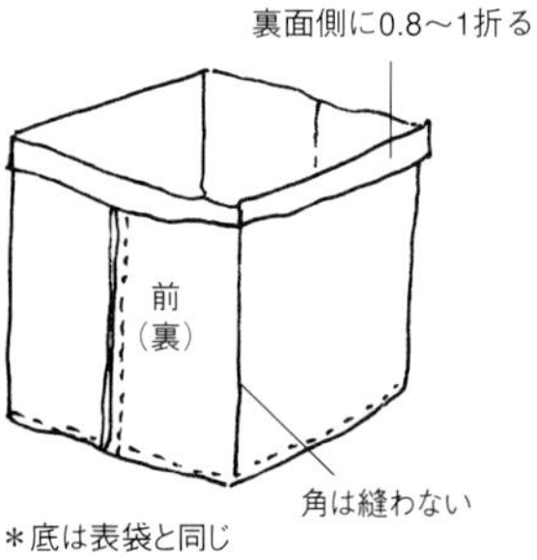

裏面側に0.8〜1折る

前
（裏）

角は縫わない

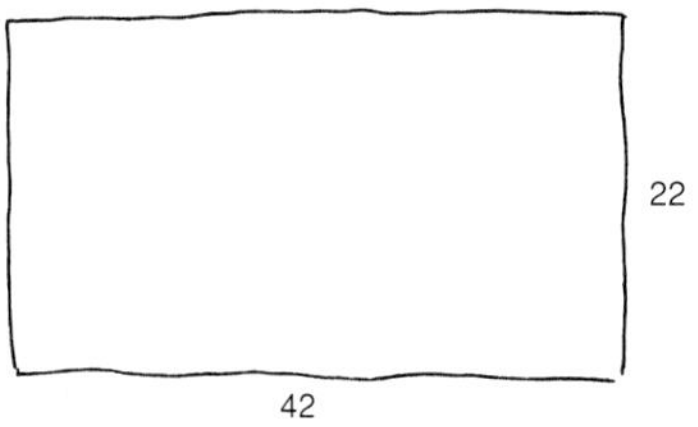

＊底は表袋と同じ

4 〈持ち手〉

麻ひも
5/0号かぎ針で
細編み

35
(52目) 作り目

9 (16段)

両端の編み目の中に細い
ワイヤを通す

5

中袋に持ち手を
縫いとめる

2

中袋

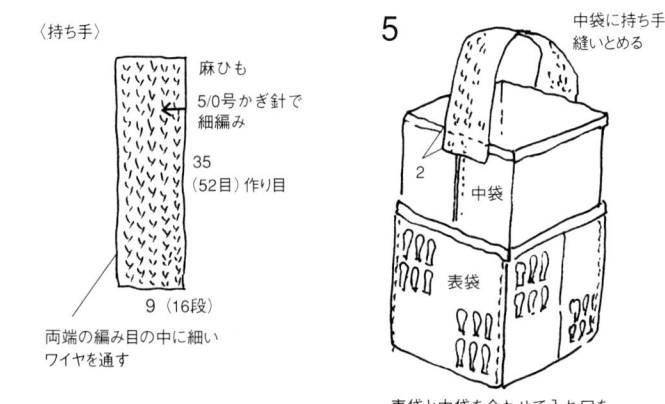

表袋

表袋と中袋を合わせて入れ口を
ミシンで縫う

card case
p.6

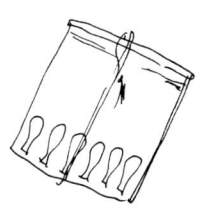

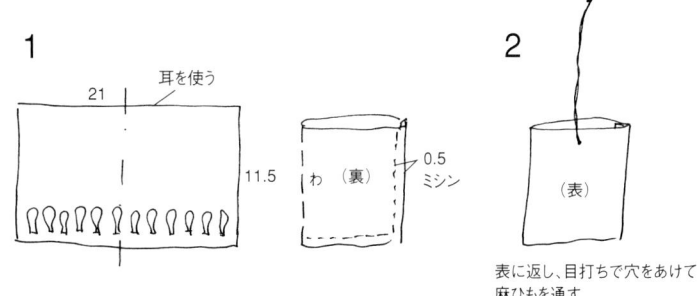

1

21　耳を使う

11.5

わ（裏）　0.5 ミシン

2

（表）

表に返し、目打ちで穴をあけて
麻ひもを通す

◎材料
布／油絵用キャンバス地11.5×21cm
刺しゅう糸／ポリエステル糸20番手の白
その他／麻ひも32cm、アクリル絵の具の
水色、スタンプ用消しゴム
◎出来上り寸法
縦11×横10cm

刺しゅう図案（実物大）

---

table center
p.11

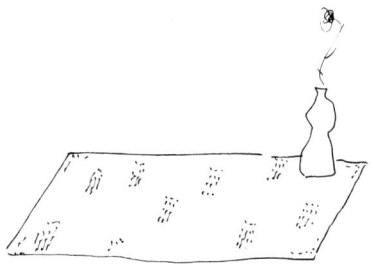

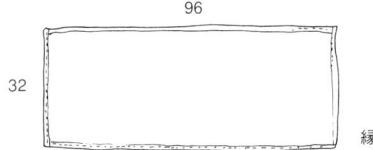

96

32

縁は三つ折りにしてミシンをかける

◎材料
布／平織りリネンのベージュ99×35cm
刺しゅう糸／ポリエステル糸20番手の赤
◎出来上り寸法
長さ96×幅32cm

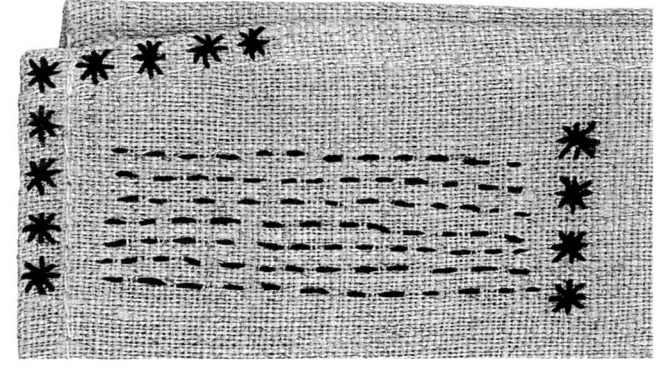

刺しゅう図案（実物大）

hana bag

p.14

◎材料
布／平織りリネンの生成り26×70cm、赤
と白のギンガムチェック32×42cm
刺しゅう糸／ポリエステル糸20番手の赤
◎出来上り寸法
縦23×横18cm

＊表袋の生成りの刺しゅうは細かい針目のラン
ニングステッチとクロスステッチ、ギンガムチェッ
クは白地の部分にスターステッチを刺します。

チェックの刺しゅう図案（実物大）

生成りの刺しゅう図案（実物大）

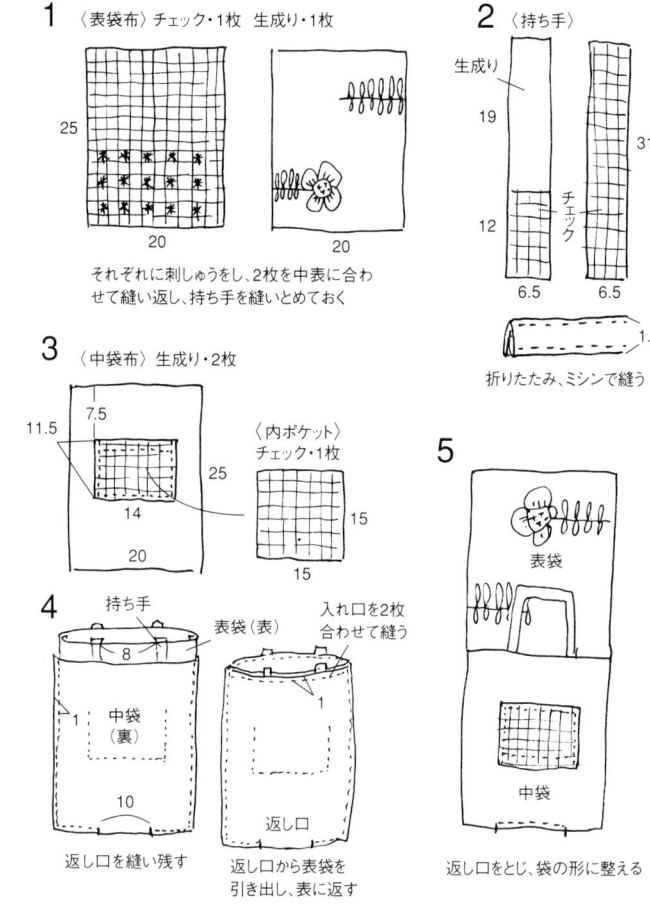

1 〈表袋布〉チェック・1枚　生成り・1枚

25

20　　　　　20

それぞれに刺しゅうをし、2枚を中表に合わ
せて縫い返し、持ち手を縫いとめておく

2 〈持ち手〉

生成り
19
12
チェック
6.5　　6.5
31

1.8

折りたたみ、ミシンで縫う

3 〈中袋布〉生成り・2枚

7.5
11.5
25
14
20

〈内ポケット〉
チェック・1枚
15
15

4
持ち手
8
表袋（表）
入れ口を2枚
合わせて縫う
1
中袋（裏）
1
10
返し口

返し口を縫い残す

返し口から表袋を
引き出し、表に返す

5
表袋
中袋

返し口をとじ、袋の形に整える

56

fågel
p.1

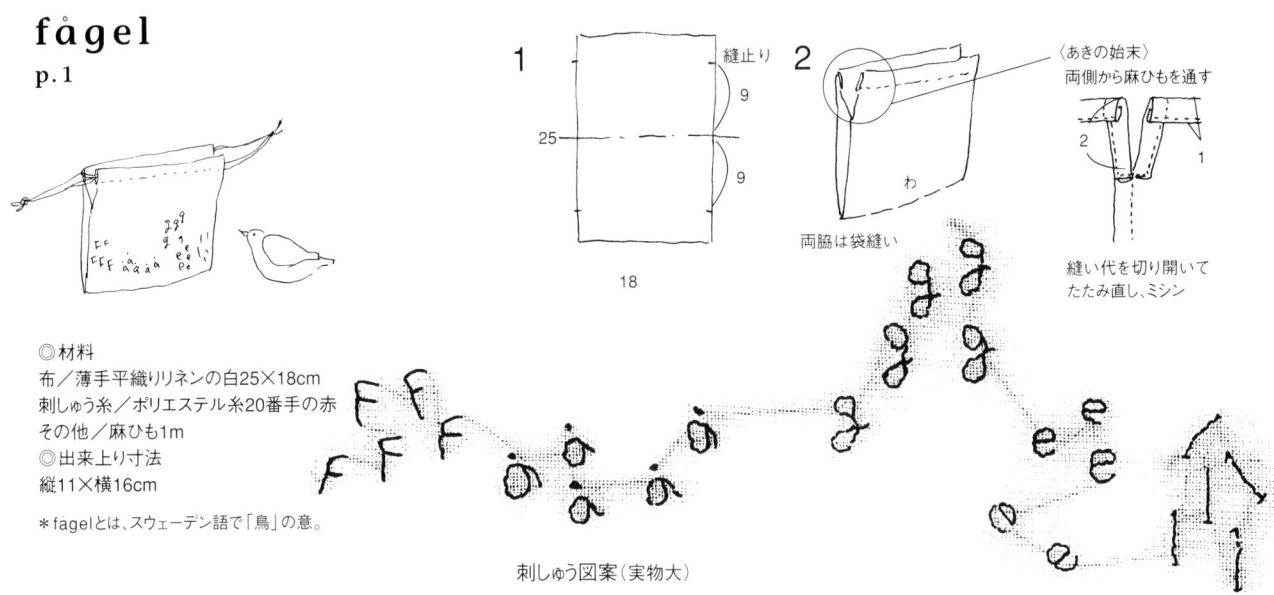

◎材料
布／薄手平織りリネンの白25×18cm
刺しゅう糸／ポリエステル糸20番手の赤
その他／麻ひも1m
◎出来上り寸法
縦11×横16cm

＊fågelとは、スウェーデン語で「鳥」の意。

1
縫止り
9
25
9
18

2
わ
両脇は袋縫い

〈あきの始末〉
両側から麻ひもを通す
2　　1
縫い代を切り開いて
たたみ直し、ミシン

刺しゅう図案（実物大）

---

necklace
p.27

◎材料
布／平織りリネンのベージュ20×10cm、綿
キルト芯17×6cm
刺しゅう糸／ポリエステル糸20番手の紺
その他／コットン糸（合細毛糸ぐらいの太さ）
の紺で68cm×12本、5cm×1本、ボタン直
径1cmを1個
◎出来上り寸法
縦6.5×横4cm

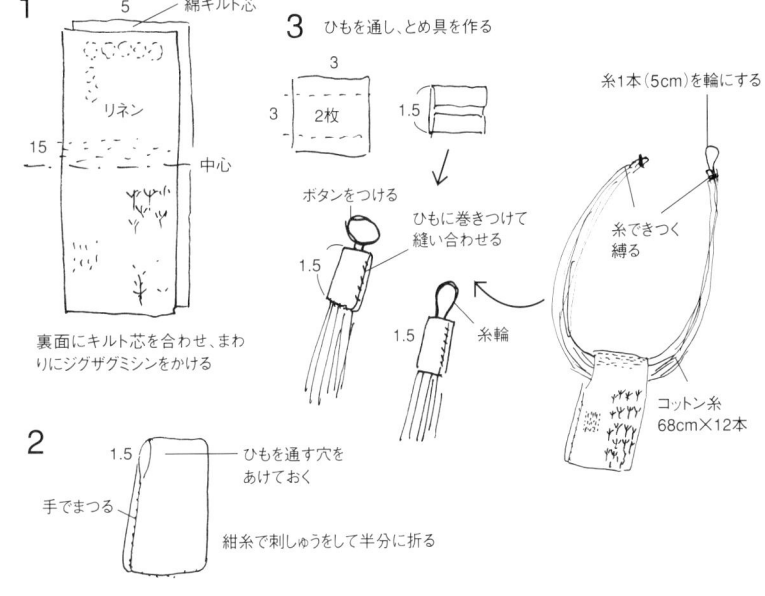

1
5
綿キルト芯
リネン
15
中心
裏面にキルト芯を合わせ、まわ
りにジグザグミシンをかける

3 ひもを通し、とめ具を作る
3
3　2枚
1.5
ボタンをつける
1.5
ひもに巻きつけて
縫い合わせる
1.5
糸輪

糸1本（5cm）を輪にする
糸できつく
縛る
コットン糸
68cm×12本

2
1.5
ひもを通す穴を
あけておく
手でまつる
紺糸で刺しゅうをして半分に折る

刺しゅう図案（実物大）

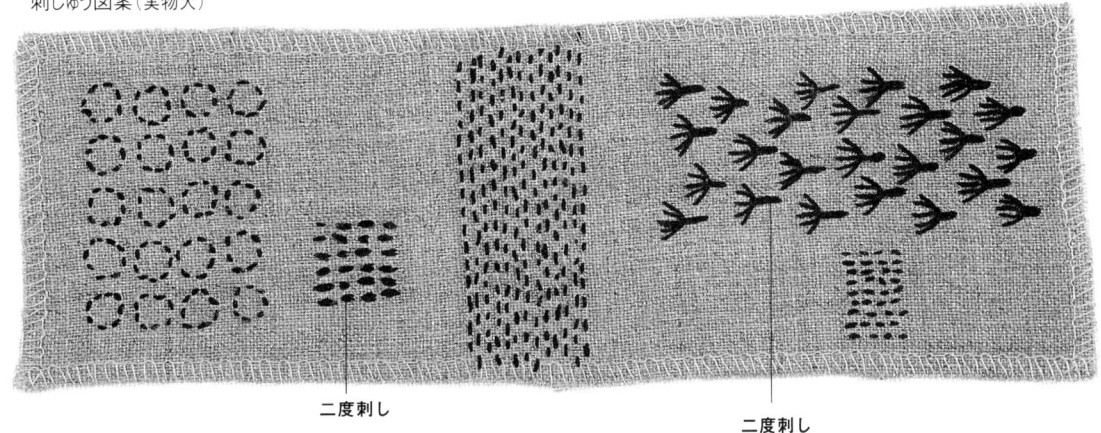

二度刺し　　　　　　二度刺し

muffler／mitten
p.16,17

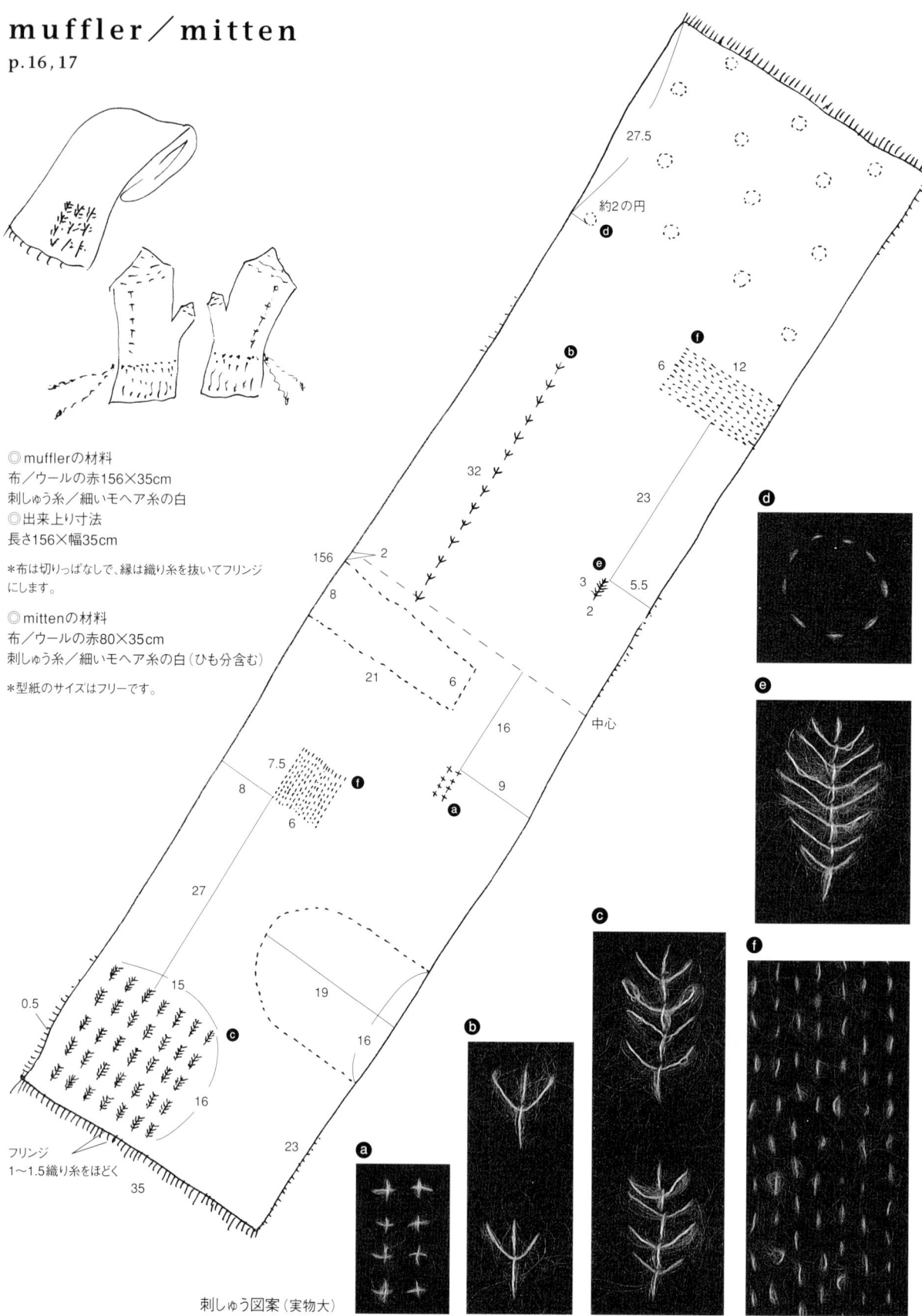

◎mufflerの材料
布／ウールの赤156×35cm
刺しゅう糸／細いモヘア糸の白
◎出来上り寸法
長さ156×幅35cm

＊布は切りっぱなしで、縁は織り糸を抜いてフリンジ
にします。

◎mittenの材料
布／ウールの赤80×35cm
刺しゅう糸／細いモヘア糸の白（ひも分含む）

＊型紙のサイズはフリーです。

27.5

約2の円

d

b

32

156   2

8

21   6

16

中心

9

e
3
2   5.5

f
6   12

23

a

7.5

8

f

6

27

15

c

19

16

16

0.5

フリンジ
1〜1.5織り糸をほどく
35

23

刺しゅう図案（実物大）

d

e

c

b

a

f

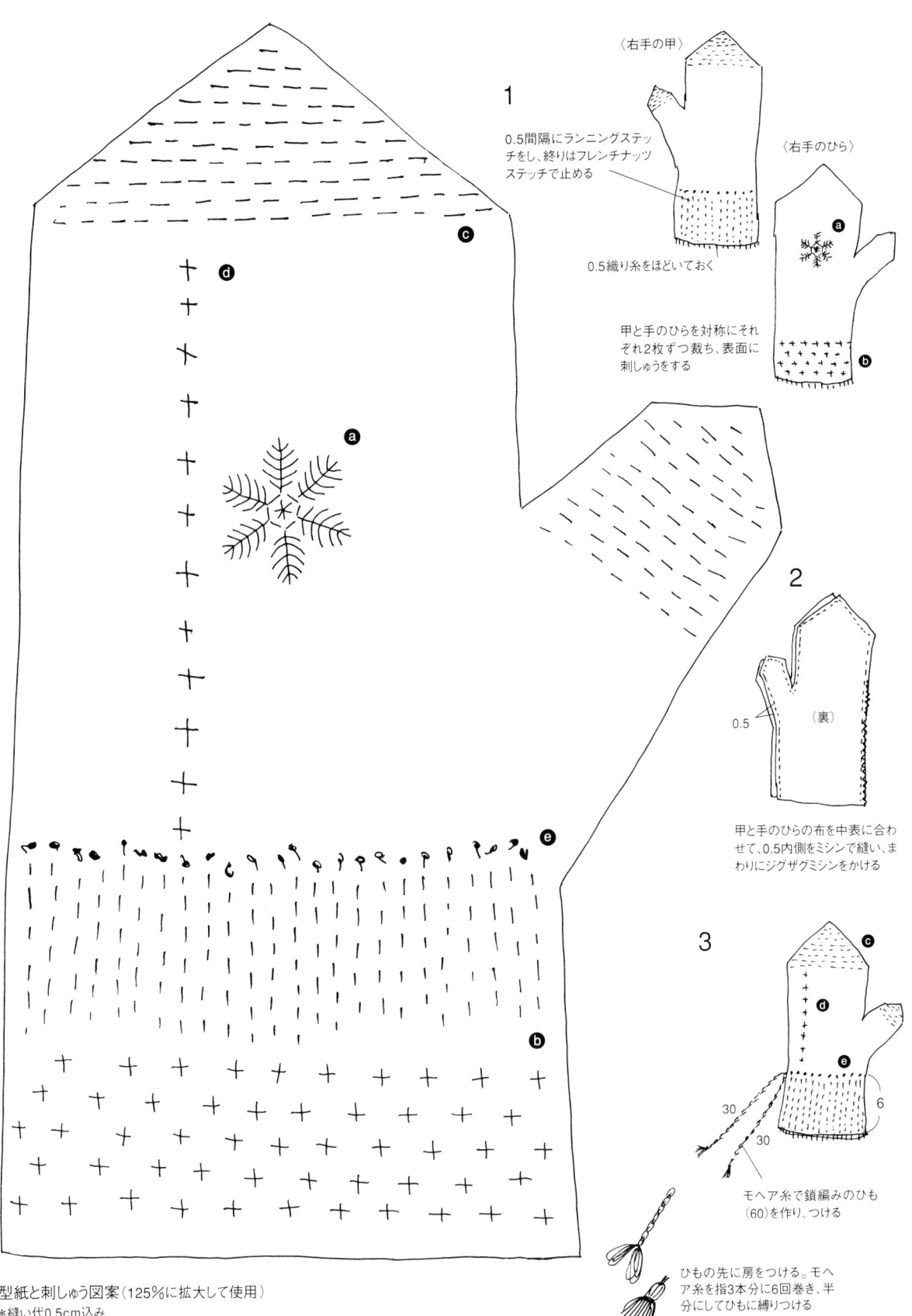

〈右手の甲〉

1

0.5間隔にランニングステッチをし、終りはフレンチナッツステッチで止める

0.5織り糸をほどいておく

〈右手のひら〉

ⓐ

ⓑ

甲と手のひらを対称にそれぞれ2枚ずつ裁ち、表面に刺しゅうをする

ⓒ

ⓓ

ⓐ

ⓔ

ⓑ

2

0.5

（裏）

甲と手のひらの布を中表に合わせて、0.5内側をミシンで縫い、まわりにジグザグミシンをかける

3

ⓒ

ⓓ

ⓔ

30

30

6

モヘア糸で鎖編みのひも（60）を作り、つける

ひもの先に房をつける。モヘア糸を指3本分に6回巻き、半分にしてひもに縛りつける

型紙と刺しゅう図案（125％に拡大して使用）
＊縫い代0.5cm込み

utsuwa

p. 18

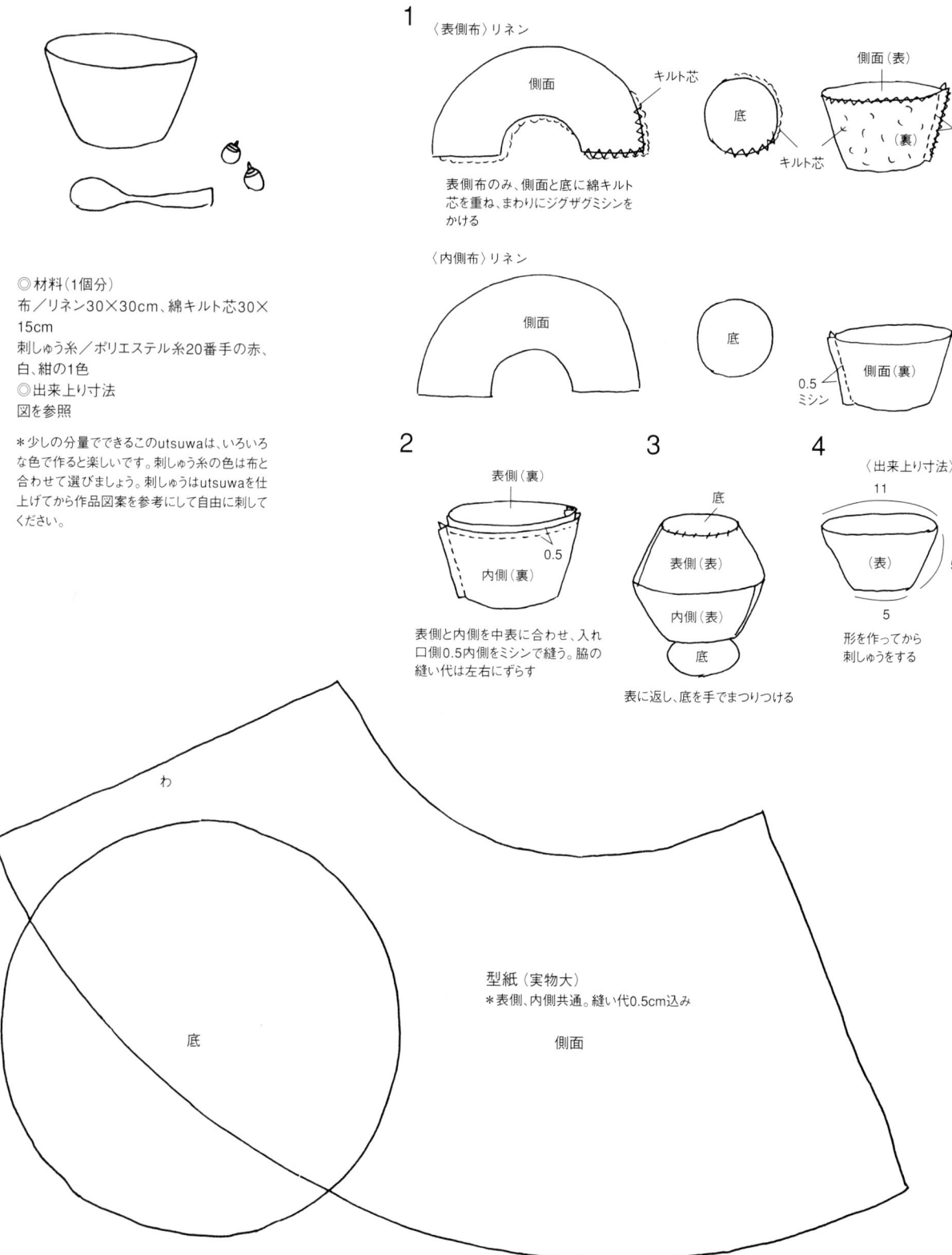

◎材料（1個分）
布／リネン30×30cm、綿キルト芯30×
15cm
刺しゅう糸／ポリエステル糸20番手の赤、
白、紺の1色
◎出来上り寸法
図を参照

*少しの分量でできるこのutsuwaは、いろいろ
な色で作ると楽しいです。刺しゅう糸の色は布と
合わせて選びましょう。刺しゅうはutsuwaを仕
上げてから作品図案を参考にして自由に刺して
ください。

1

〈表側布〉リネン

側面　キルト芯

底　キルト芯

側面（表）
（裏）　0.5

表側布のみ、側面と底に綿キルト
芯を重ね、まわりにジグザグミシンを
かける

〈内側布〉リネン

側面

底

側面（裏）
0.5
ミシン

2

表側（裏）
内側（裏）　0.5

表側と内側を中表に合わせ、入れ
口側0.5内側をミシンで縫う。脇の
縫い代は左右にずらす

3

底
表側（表）
内側（表）
底

表に返し、底を手でまつりつける

4

〈出来上り寸法〉
11
（表）　5.5
5

形を作ってから
刺しゅうをする

わ

型紙（実物大）
*表側、内側共通。縫い代0.5cm込み

底

側面

刺しゅう図案

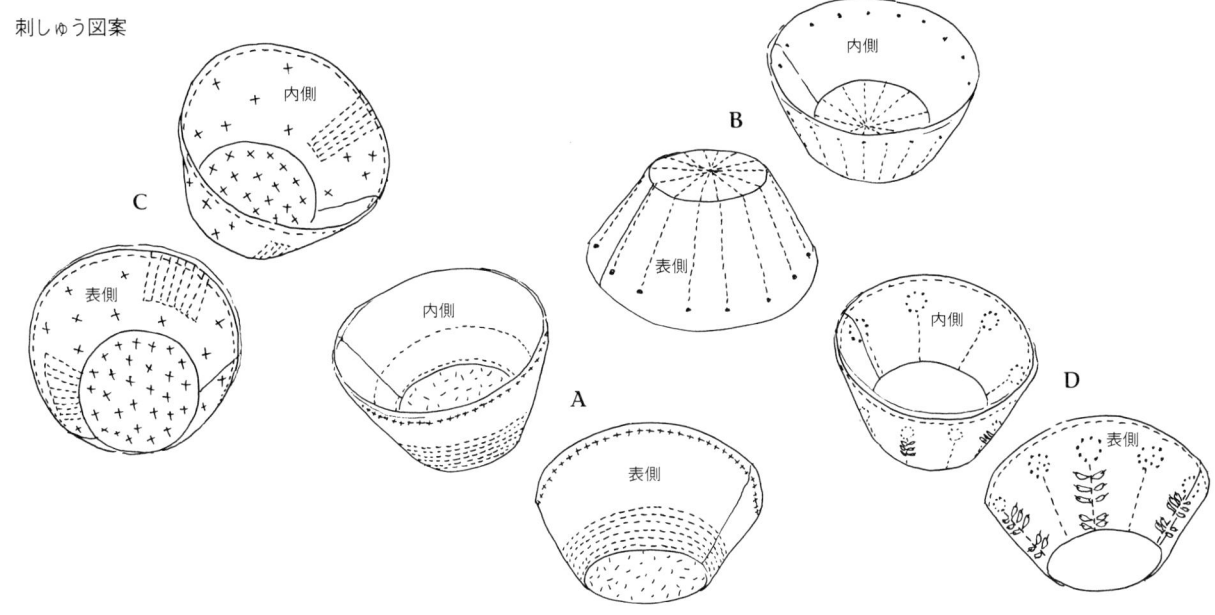

C　内側　表側
B　内側　表側
A　内側　表側
D　内側　表側

- -

pincushion
p. 2

木綿布刺しゅう図案（実物大）

◎材料
布／紺色のピンクッションは木綿
の無地とプリント柄の2種類をはぎ
合わせた状態で13×12cm、ベー
ジュは平織りリネン20×7cm
刺しゅう糸／ポリエステル糸20番
手の白、紺
その他／細い革ひもとコットン糸
各適宜、化繊わた適宜
◎出来上り寸法
紺色は縦5×横11cm、ベージュは
縦5×横9cm

*それぞれ表面に刺しゅうをしたら、中表
に合わせてひもをはさみ、1cm内側を縫
い、表に返してわたを詰め、返し口をとじ
合わせます。

〈木綿〉白糸で刺しゅう

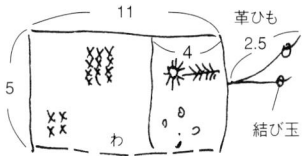

11　革ひも
2.5
5　4
わ　結び玉

〈リネン〉紺糸で刺しゅう

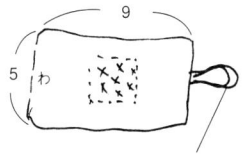

9
5　わ

コットン糸で鎖編みを8cm
編み、輪にする

水玉のまわりにストレートステッチ

61

igokochi cushion
p.20

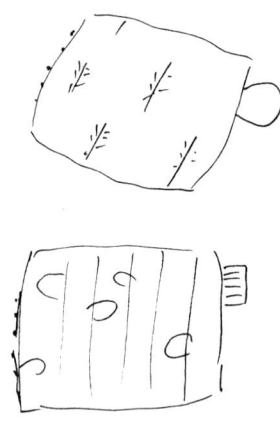

◎材料（1個分）
布／リネン34×42cmを2枚、10cm正方を
2枚（タブ分）、ポリエステルキルト芯34×
42cmを2枚と10cm正方を1枚、接着芯34
×42cmを2枚
刺しゅう糸／ポリエステル糸20番手の赤、
白、紺の1色
その他／麻ひも18cm、ボタン直径1cmを5
個、パンヤ入りヌードクッション
◎出来上り寸法
約縦32×横40cm

*リネンの布は20、64ページの写真を参考にして、好みの組合せを楽しんでください。また、刺しゅうもステッチや刺し位置は自由です。布目や柄を効果的に使って刺しましょう。ヌードクッションは薄手シーティングでクッションと同寸法のものを作り、中にパンヤを詰めて仕上げます。

1

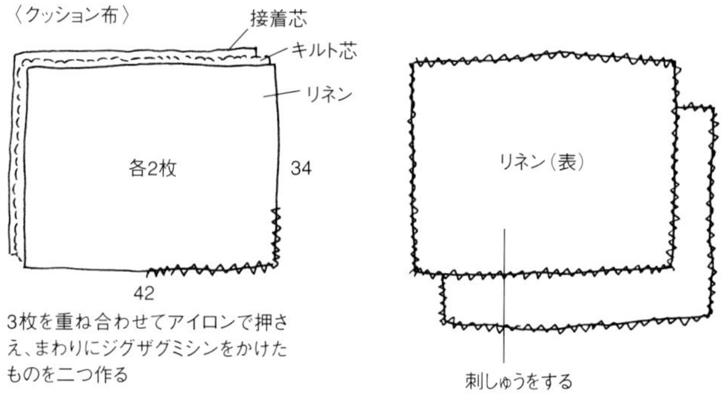

〈クッション布〉　接着芯
キルト芯
リネン
各2枚　　34
リネン（表）

42

3枚を重ね合わせてアイロンで押さえ、まわりにジグザグミシンをかけたものを二つ作る

刺しゅうをする

2

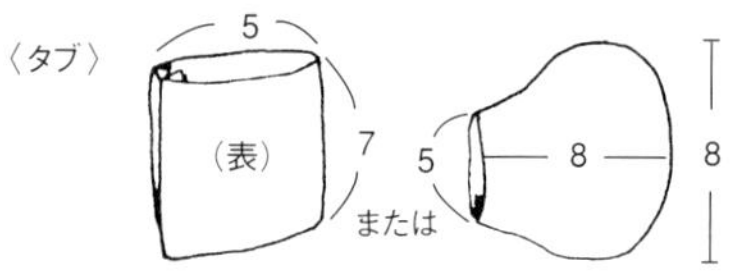

〈タブ〉　5
（表）　7
5　8　8
または

3

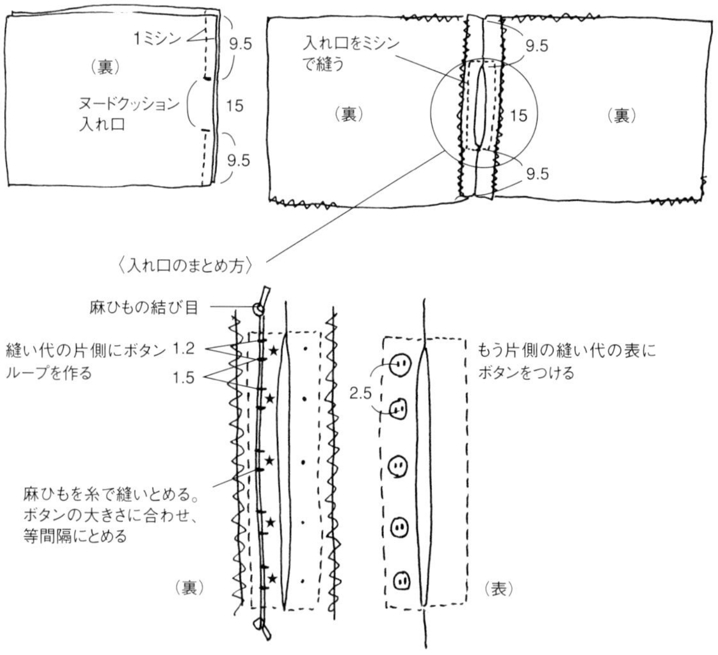

1ミシン　9.5
（裏）
ヌードクッション
入れ口　15
9.5

入れ口をミシンで縫う
9.5
（裏）　　15　　（裏）
9.5

〈入れ口のまとめ方〉

麻ひもの結び目
縫い代の片側にボタン 1.2
ループを作る　1.5

もう片側の縫い代の表に
ボタンをつける

2.5

麻ひもを糸で縫いとめる。
ボタンの大きさに合わせ、
等間隔にとめる

（裏）　　（表）

4

タブ　　1
（裏）　　（表）

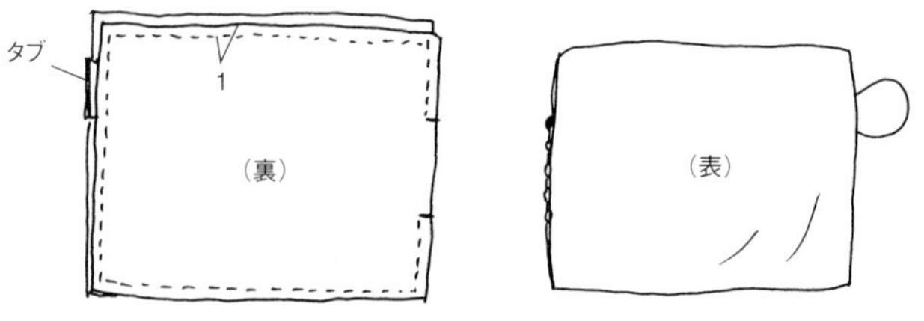

2枚を中表に合わせ、間にタブをはさんで残り3辺を縫い、表に返す

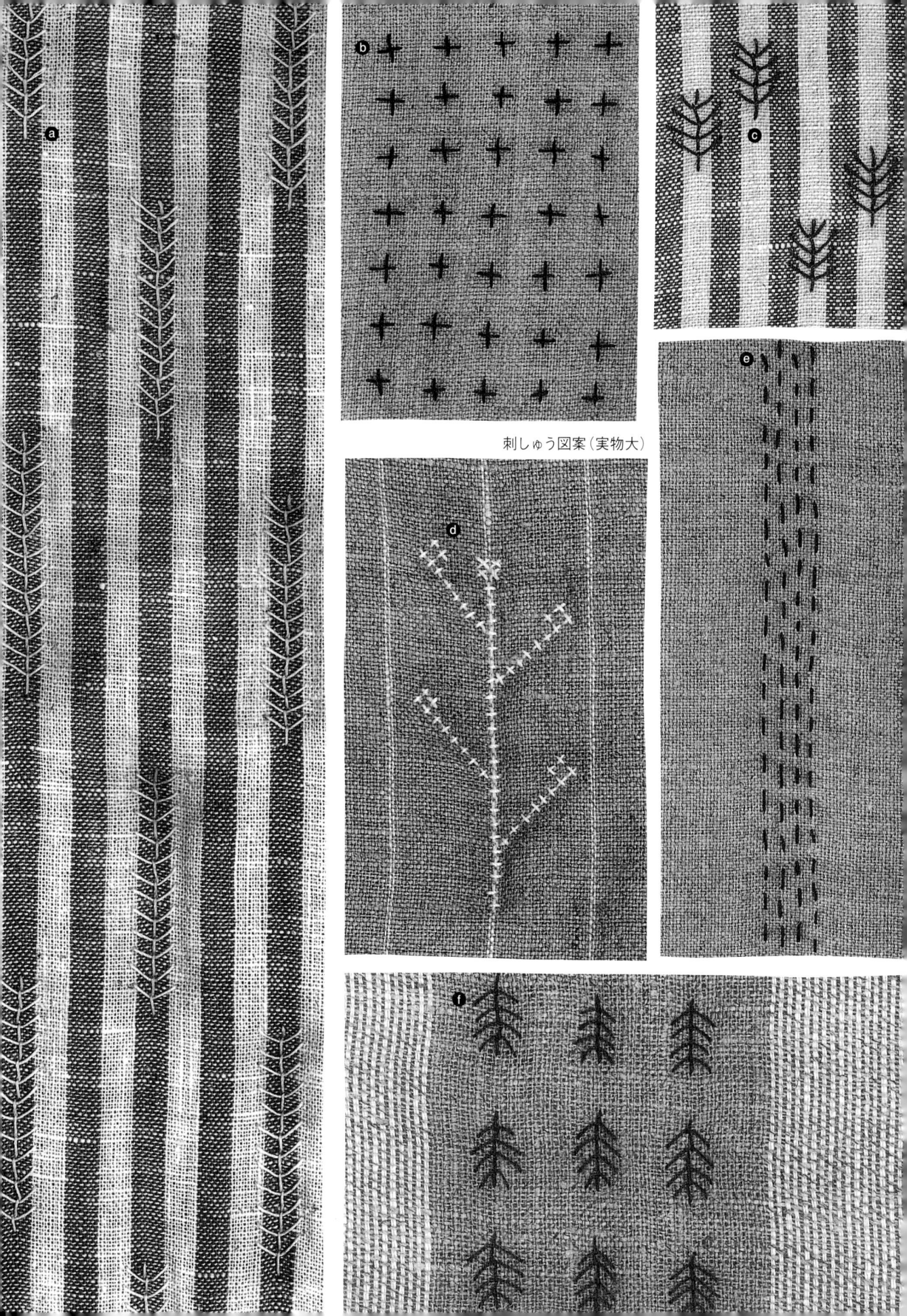

刺しゅう図案（実物大）

〈クッションの布の組合せと刺しゅう位置〉

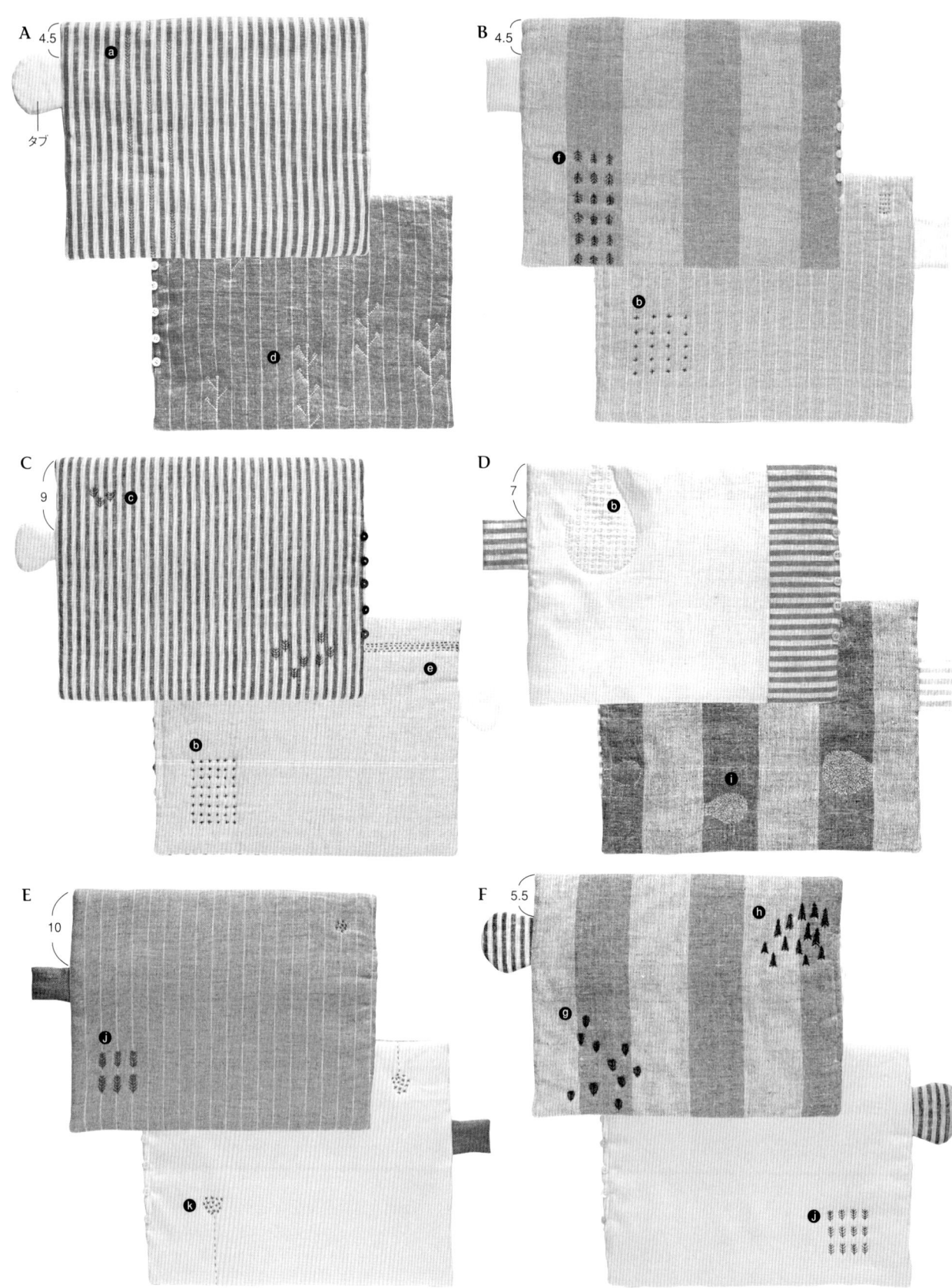

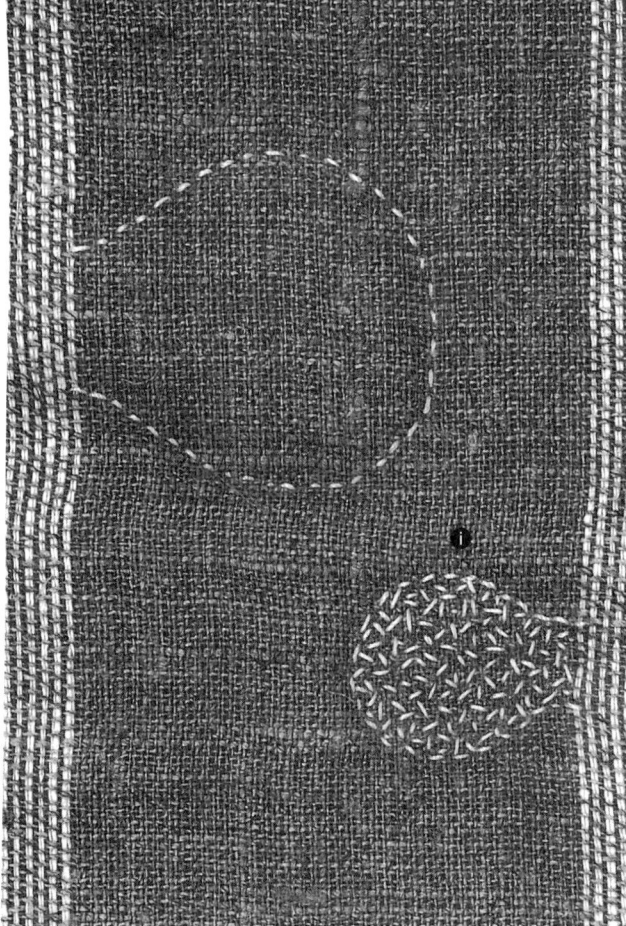

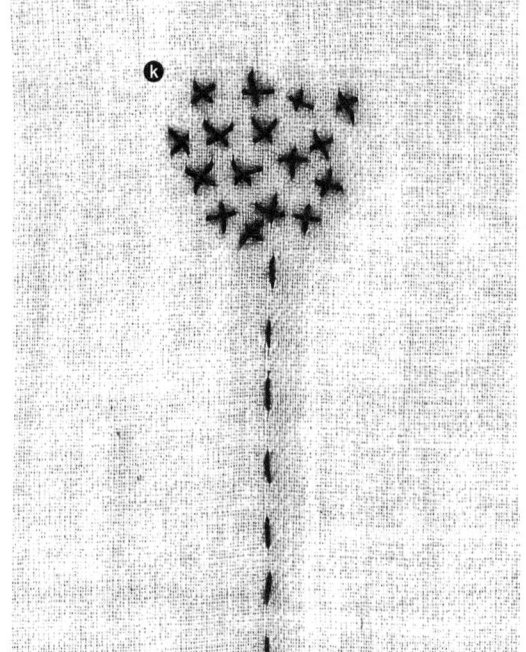

tablecloth

p.24

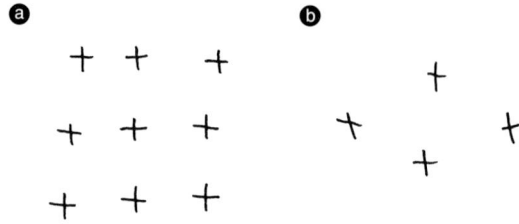

◎ 材料
布／厚手平織りリネンの紺180cm正方
刺しゅう糸／ポリエステル糸20番手の白
◎ 出来上り寸法
176cm 正方

＊四辺の縁は1cm幅の三つ折りミシンで始末
し、図案を参考にして刺しゅうをします。刺しゅう
位置は目安です。

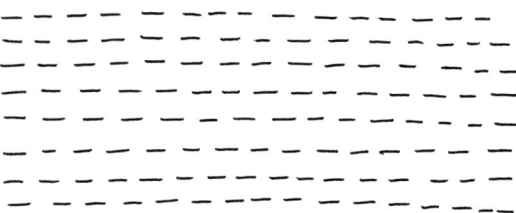

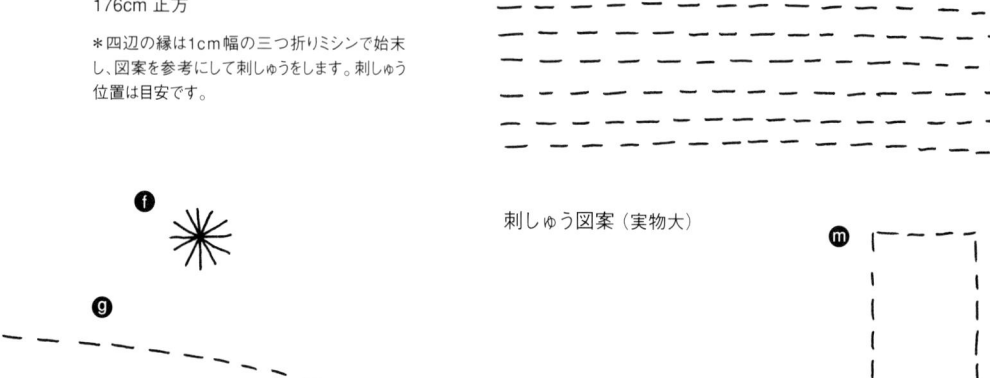

刺しゅう図案（実物大）

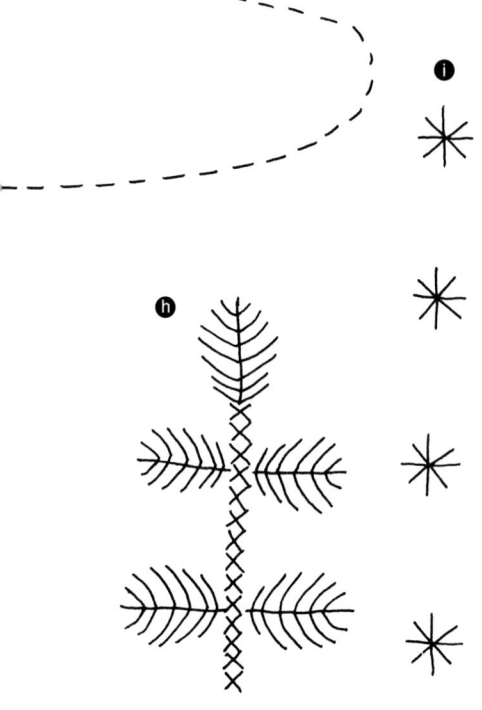

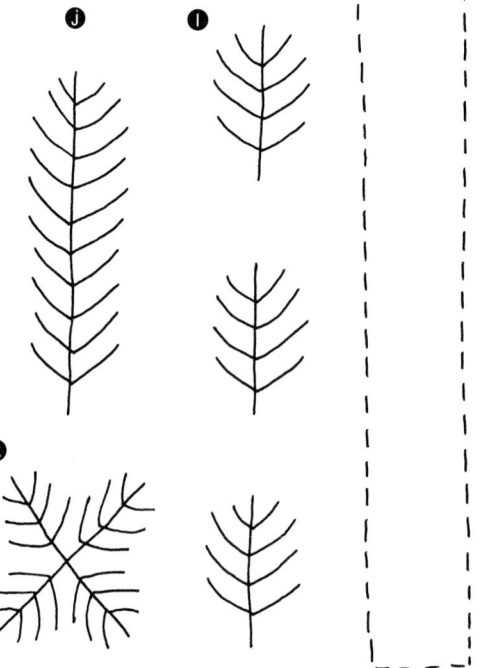

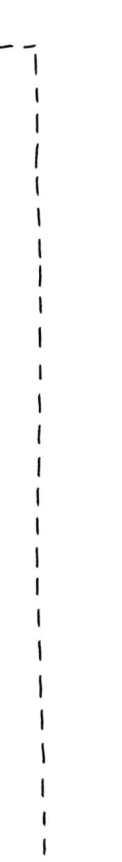

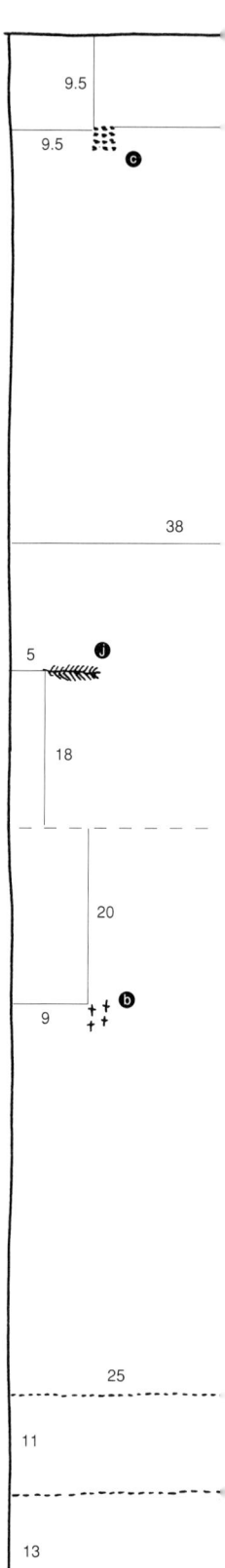

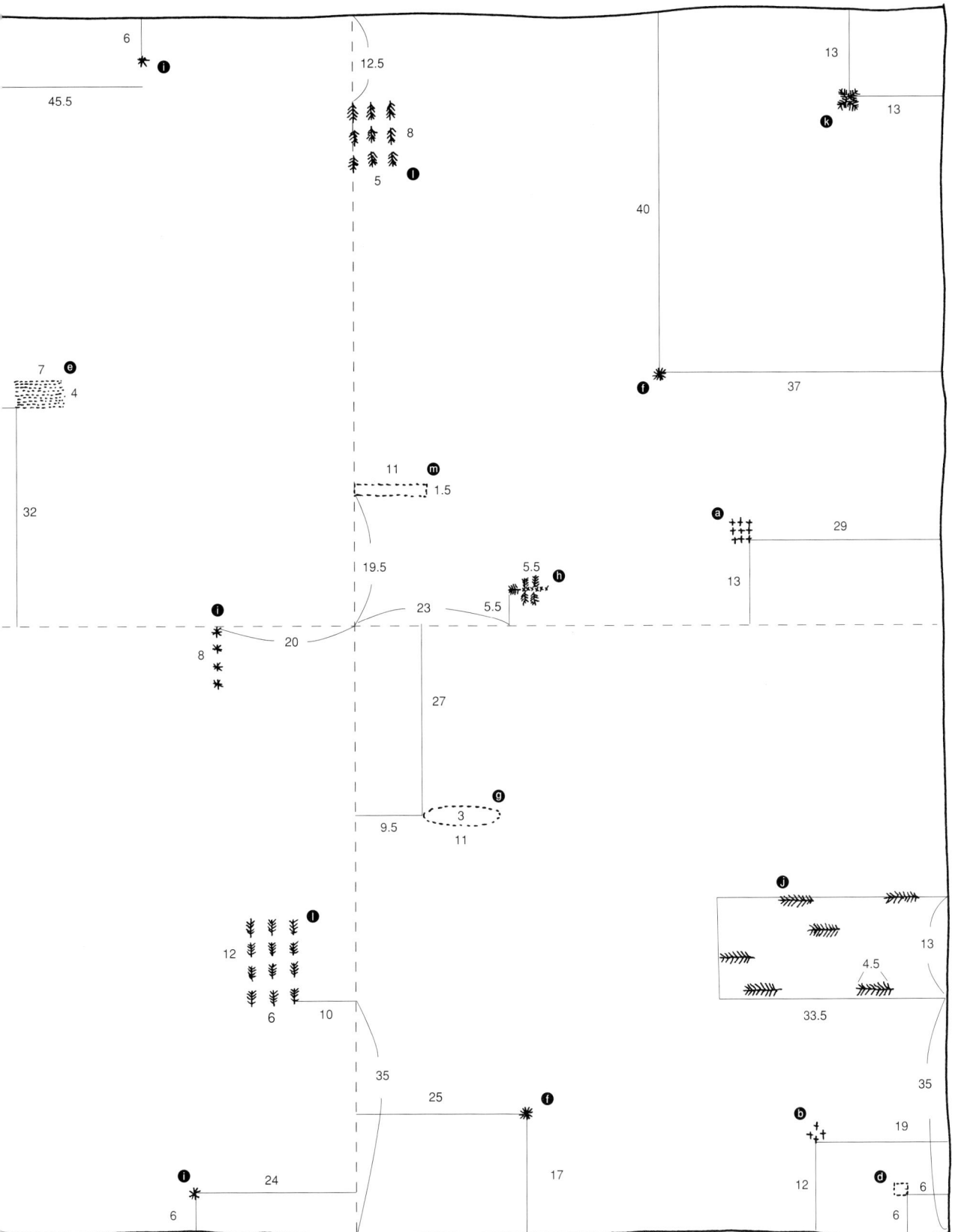

6

i

45.5

12.5

8

5

l

13

13

k

40

7 **e**

4

37

f

32

11 **m**

1.5

a

29

19.5

13

5.5

23

5.5

h

i

20

8

27

g

9.5

3

11

j

13

l

12

4.5

6

10

33.5

35

35

25

f

19

b

17

d

6

i

24

12

6

6

mori bag
p.26

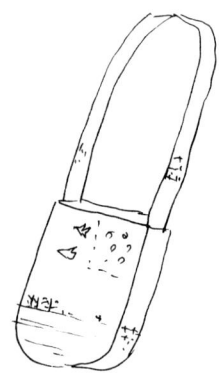

◎材料
布／平織りリネンで表袋用ベージュ110cm
幅60cm、中袋用ストライプ110cm幅40cm、
綿キルト芯110cm幅60cm
刺しゅう糸／ポリエステル糸で刺しゅう用に
20番手の紺、キルティング用に60番手の白
◎出来上り寸法
縦29×横28×まち5cm

刺しゅう図案（125%に拡大して使用）

1

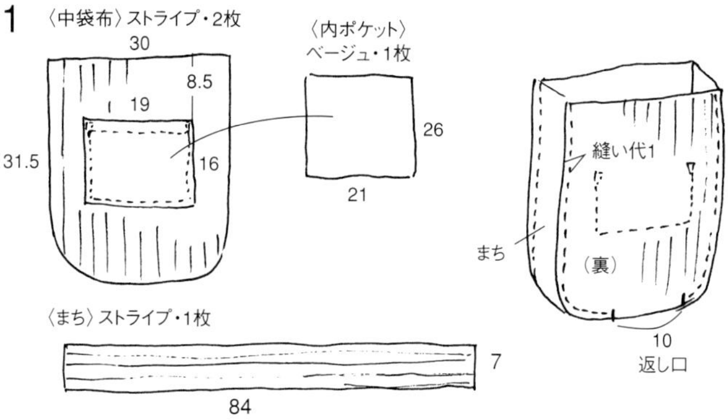

〈中袋布〉ストライプ・2枚
30
8.5
19
31.5
16
〈内ポケット〉
ベージュ・1枚
26
21

縫い代1
まち
（裏）
返し口
10

〈まち〉ストライプ・1枚
84
7

2

〈表袋布〉ベージュ・2枚
白糸で縦にキルティングする
白糸でランダムにキルティング
2
12
13.5
A面
ジグザグミシン
30
8.5
31.5
B面
15
フライステッチ
A面の刺しゅうは右ページの図を参照

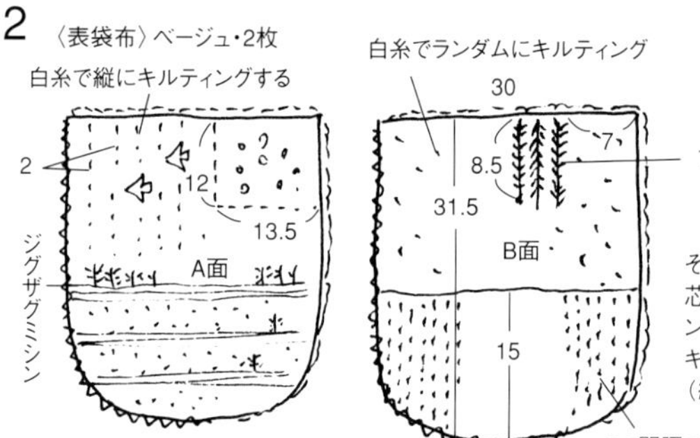

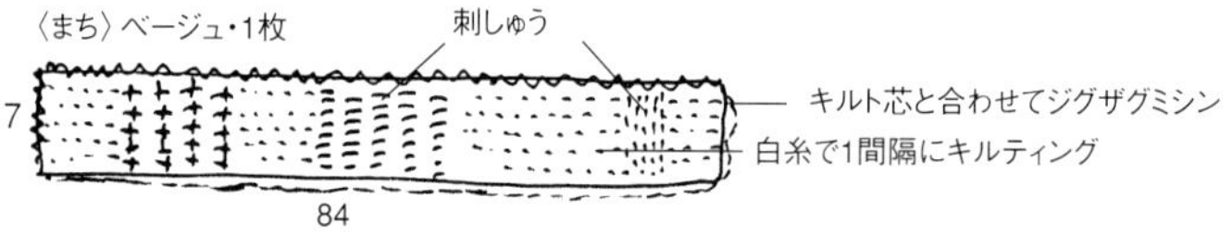

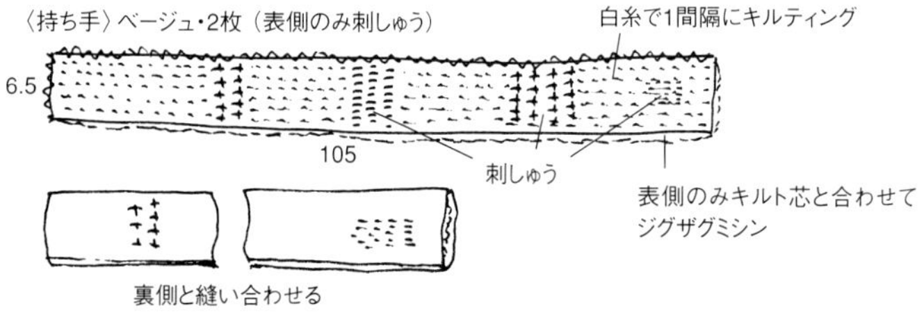

それぞれの布の裏面にキルト
芯をはり、まわりにジグザグミシ
ンをかけて縁を縫い合わせる。
キルティング（白糸）と刺しゅう
（紺糸）をする
0.8間隔でランニングステッチ

〈まち〉ベージュ・1枚
刺しゅう
7
84
キルト芯と合わせてジグザグミシン
白糸で1間隔にキルティング

〈持ち手〉ベージュ・2枚（表側のみ刺しゅう）
6.5
105
刺しゅう
白糸で1間隔にキルティング
刺しゅう
表側のみキルト芯と合わせて
ジグザグミシン

裏側と縫い合わせる

3

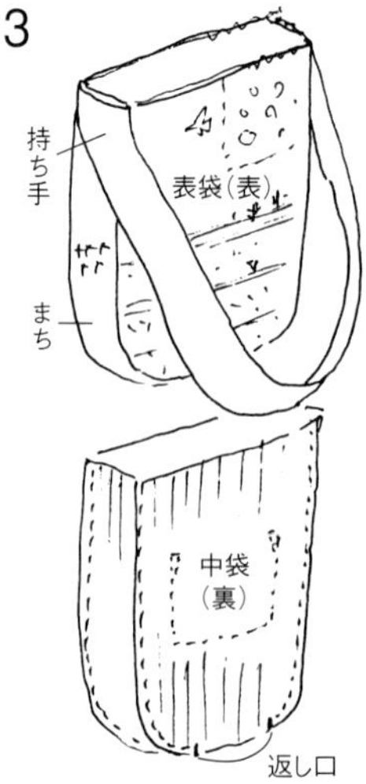

持ち手
表袋（表）
まち
中袋（裏）
返し口

表袋のA面とB面の布、まちを
それぞれ中表に合わせて1の
縫い代で縫い、表に返して持
ち手をつける。
中袋に表袋を入れ込み、入れ
口を合わせて縫う

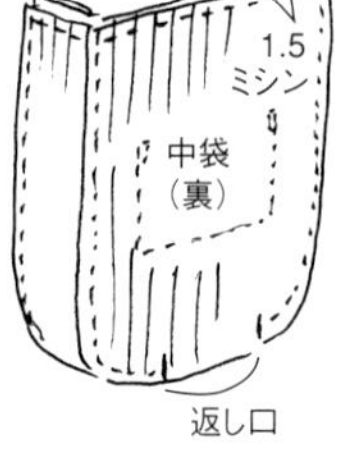

1.5
ミシン
中袋
（裏）
返し口

4

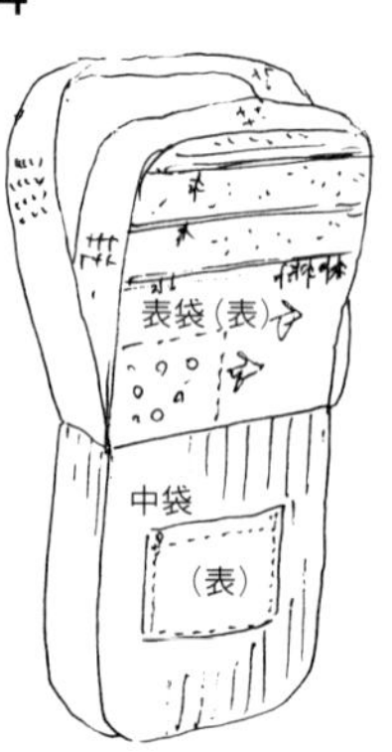

表袋（表）
中袋
（表）

返し口から表袋を引き出して
表に返し、返し口をとじて袋の
形に整える

刺しゅう図案（125%に拡大して使用）
＊入れ口側のみ1.5cm、他はすべて1cmの縫い代をつけて裁つ

69

hagihagi coaster
p.28

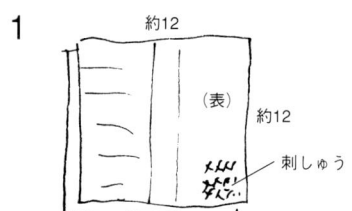

1

約12

（表）

約12

刺しゅう

いろいろなリネンの端ぎれを組み合
わせて、12cm正方の布を2枚作り、
刺しゅうをする

◎材料（1個分）
布／いろいろなリネンの端ぎれを約12cm
正方につないだものを2枚
刺しゅう糸／ポリエステル糸20番手の白
◎出来上り寸法
11cm正方

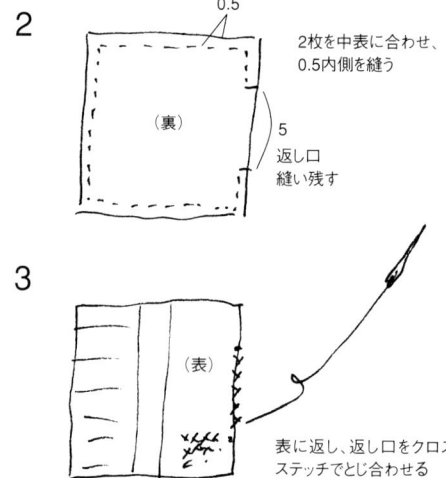

2

0.5

（裏）

2枚を中表に合わせ、
0.5内側を縫う

5
返し口
縫い残す

3

（表）

表に返し、返し口をクロス
ステッチでとじ合わせる

刺しゅう図案（実物大）

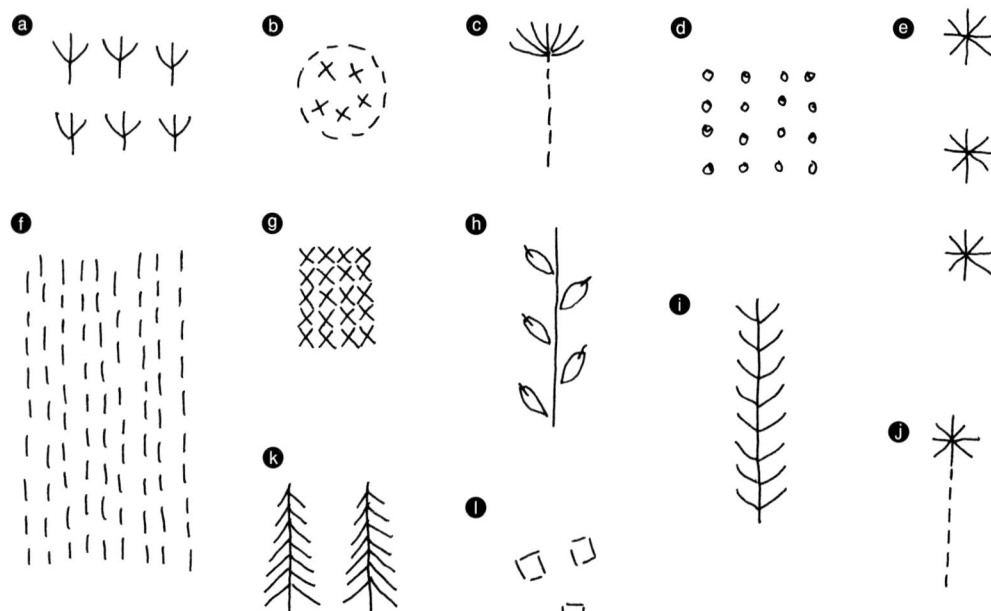

〈布の組合せと刺しゅう位置〉

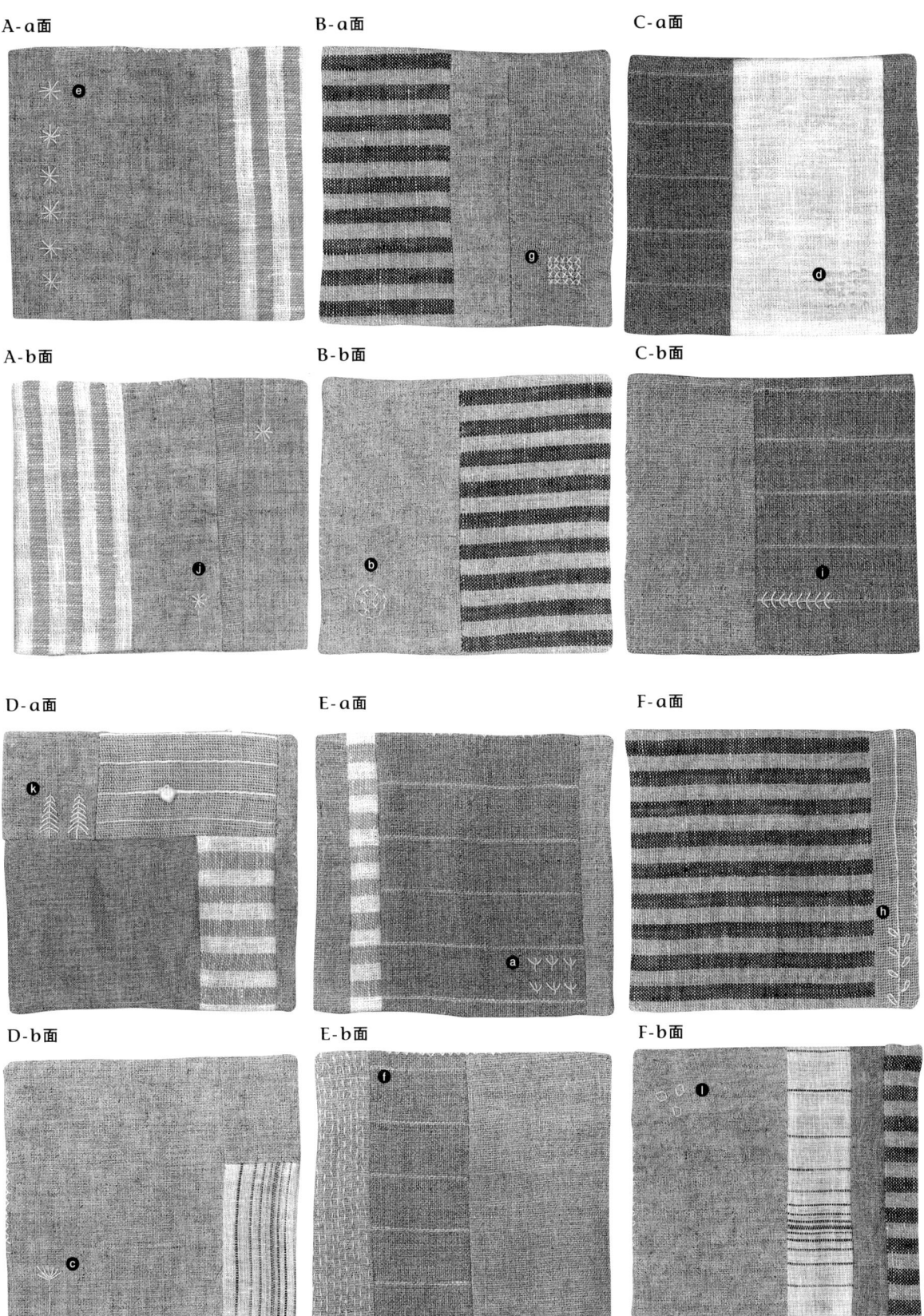

A-a面

B-a面

C-a面

A-b面

B-b面

C-b面

D-a面

E-a面

F-a面

D-b面

E-b面

F-b面

handkerchief C

p. 31

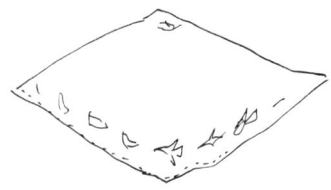

◎材料
布／薄手平織りリネンの紺37cm正方
刺しゅう糸／ポリエステル糸60番手の白
◎出来上り寸法
35cm正方

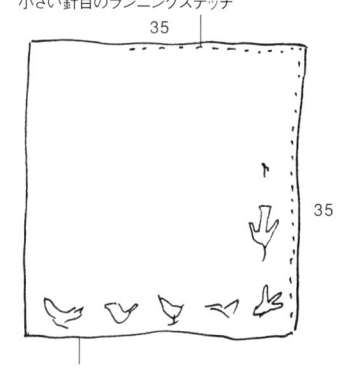

小さい針目のランニングステッチ

35

35

縁は三つ折りにしてミシン

刺しゅう図案（234%に拡大して使用）

handkerchief D
p.31

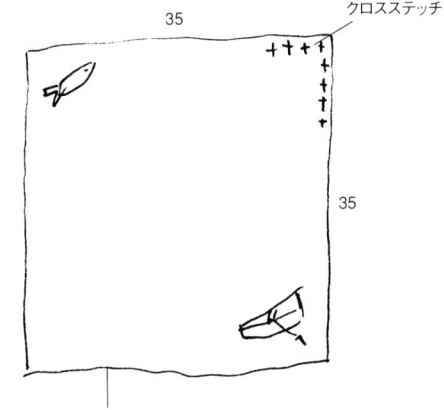

◎材料
布／薄手平織りリネンの紺37cm正方
刺しゅう糸／ポリエステル糸60番手の赤
◎出来上り寸法
35cm正方

三つ折りにしてミシンをかけた上に
クロスステッチを刺す

作品の刺しゅう図案とサンプル（実物大）

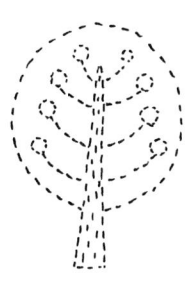

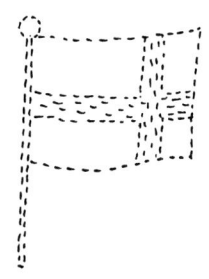

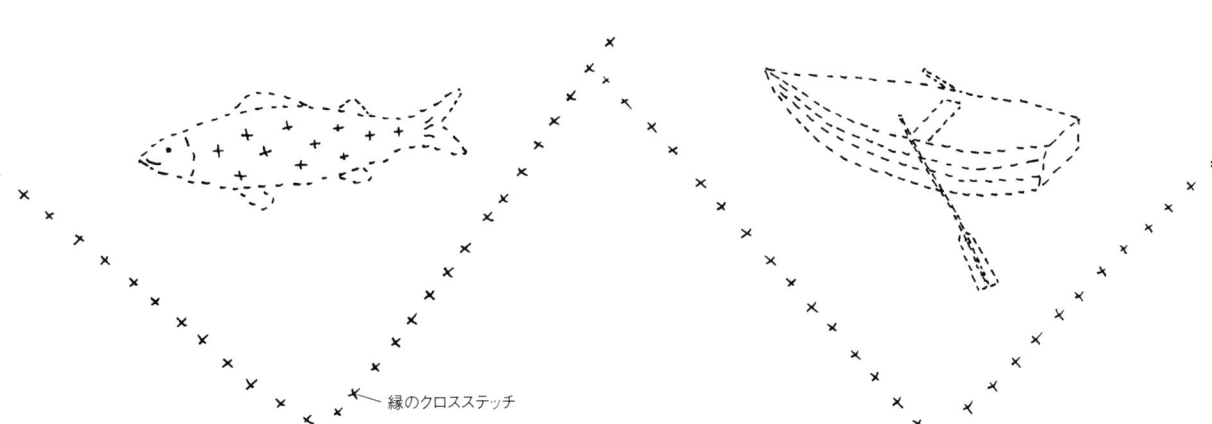

縁のクロスステッチ

wool cap／wool bag
p.32, 33

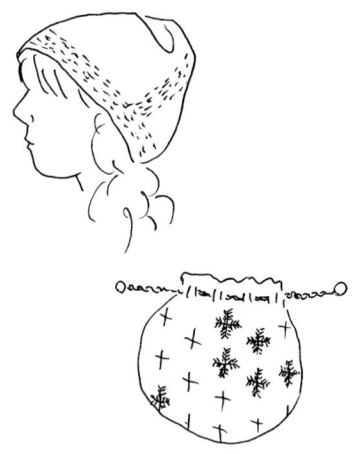

wool cap

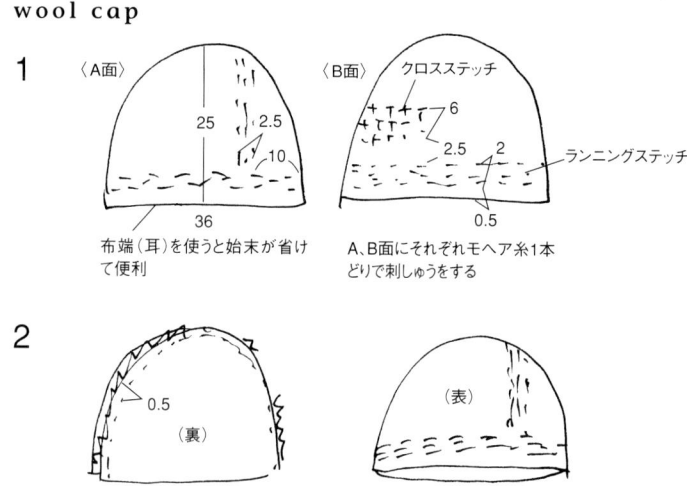

1

〈A面〉

25
2.5
10
36

布端（耳）を使うと始末が省けて便利

〈B面〉 クロスステッチ

6
2.5
2
0.5

ランニングステッチ

A、B面にそれぞれモヘア糸1本どりで刺しゅうをする

2

0.5
（裏）

2枚を中表に合わせて0.5内側を縫い、まわりにジグザグミシン

（表）

表に返す

◎材料（1個分）
布／ウールフラノのベージュ30×65cm
刺しゅう糸／細いモヘア糸の白
その他／麻ひも、5/0号かぎ針、原毛の白
◎出来上り寸法
幅31×深さ24.5cm

＊型紙は共通で、bagは入れ口側にひも通し用の切込みを入れ、切り口と入れ口はクロスステッチでかがります。capはかぶり口が布の耳（織り端）になるように裁ちます。毛足の長いモヘア糸は刺しゅう針7番ぐらいで刺します。

wool Bag

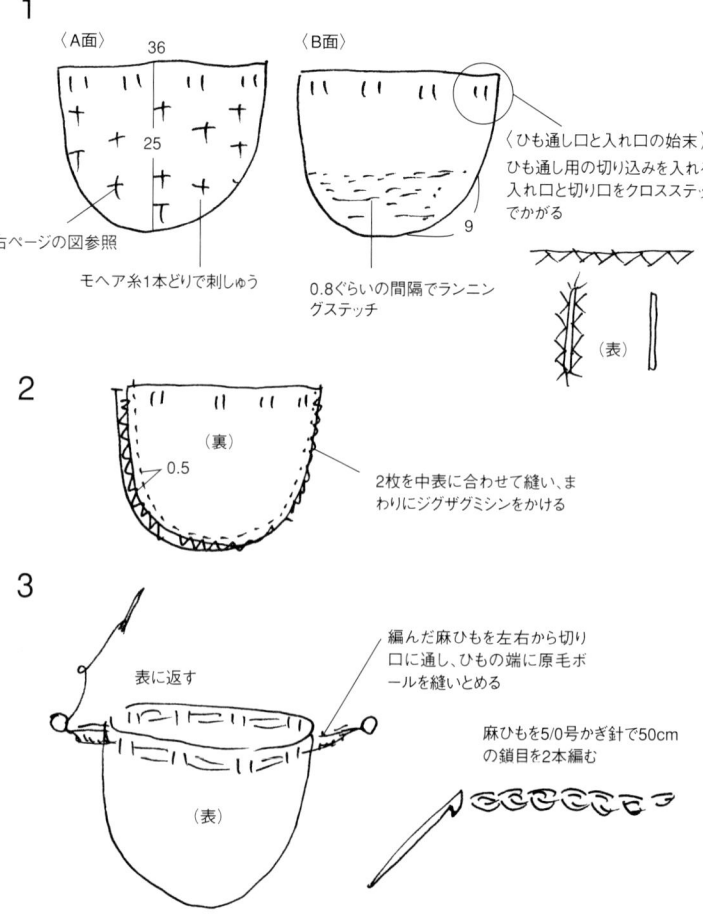

1

〈A面〉 36

25

右ページの図参照

モヘア糸1本どりで刺しゅう

〈B面〉

9

〈ひも通し口と入れ口の始末〉
ひも通し用の切り込みを入れる。入れ口と切り口をクロスステッチでかがる

0.8ぐらいの間隔でランニングステッチ

（表）

2

（裏）

0.5

2枚を中表に合わせて縫い、まわりにジグザグミシンをかける

3

表に返す

（表）

編んだ麻ひもを左右から切り口に通し、ひもの端に原毛ボールを縫いとめる

麻ひもを5/0号かぎ針で50cmの鎖目を2本編む

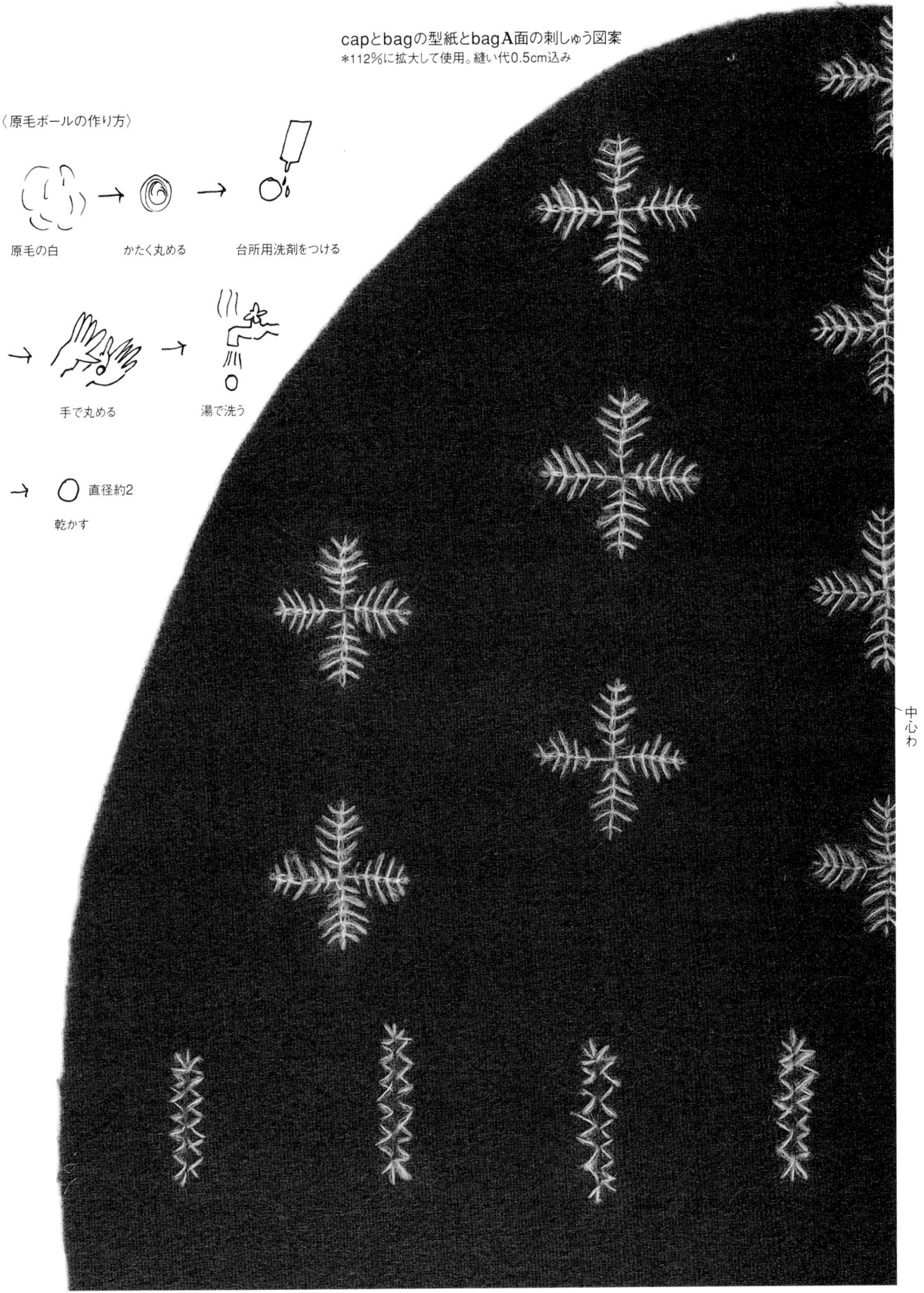

capとbagの型紙とbagA面の刺しゅう図案
*112％に拡大して使用。縫い代0.5cm込み

〈原毛ボールの作り方〉

原毛の白 → かたく丸める → 台所用洗剤をつける

→ 手で丸める → 湯で洗う

→ ◯ 直径約2
乾かす

中心わ

capのかぶり口（耳）・bagの入れ口

double luncheon mat
p.34

◎材料（1枚分）
布／AとCは2、3種類のリネンを32×41cm
につないだものを2枚、Bはリネン32×
47cmを2枚
刺しゅう糸／ポリエステル糸60番手の紺
◎出来上り寸法
AとCは縦30×横39cm、Bは縦30×横
45cm

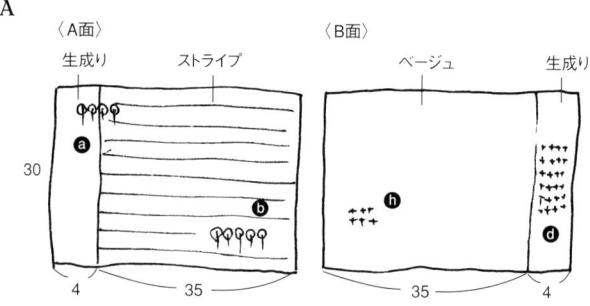

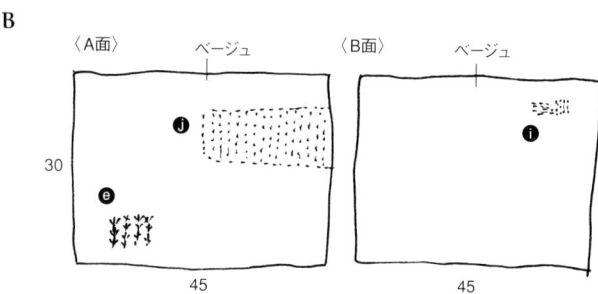

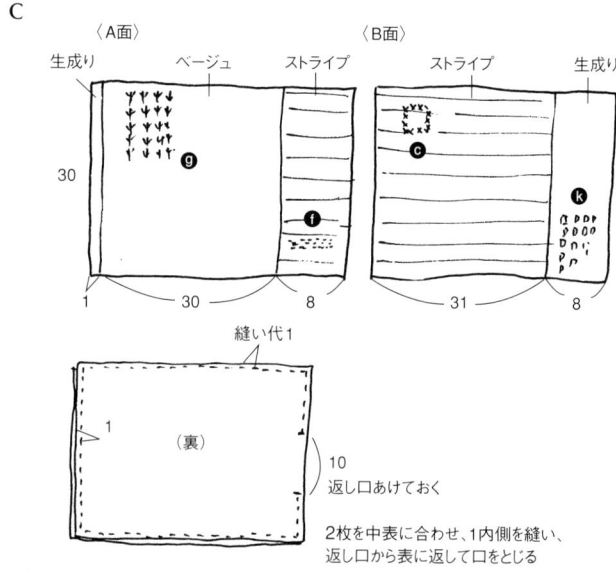

2枚を中表に合わせ、1内側を縫い、
返し口から表に返して口をとじる

＊図中の数字は出来上り寸法。すべて1cmの縫い代をつけて裁つ

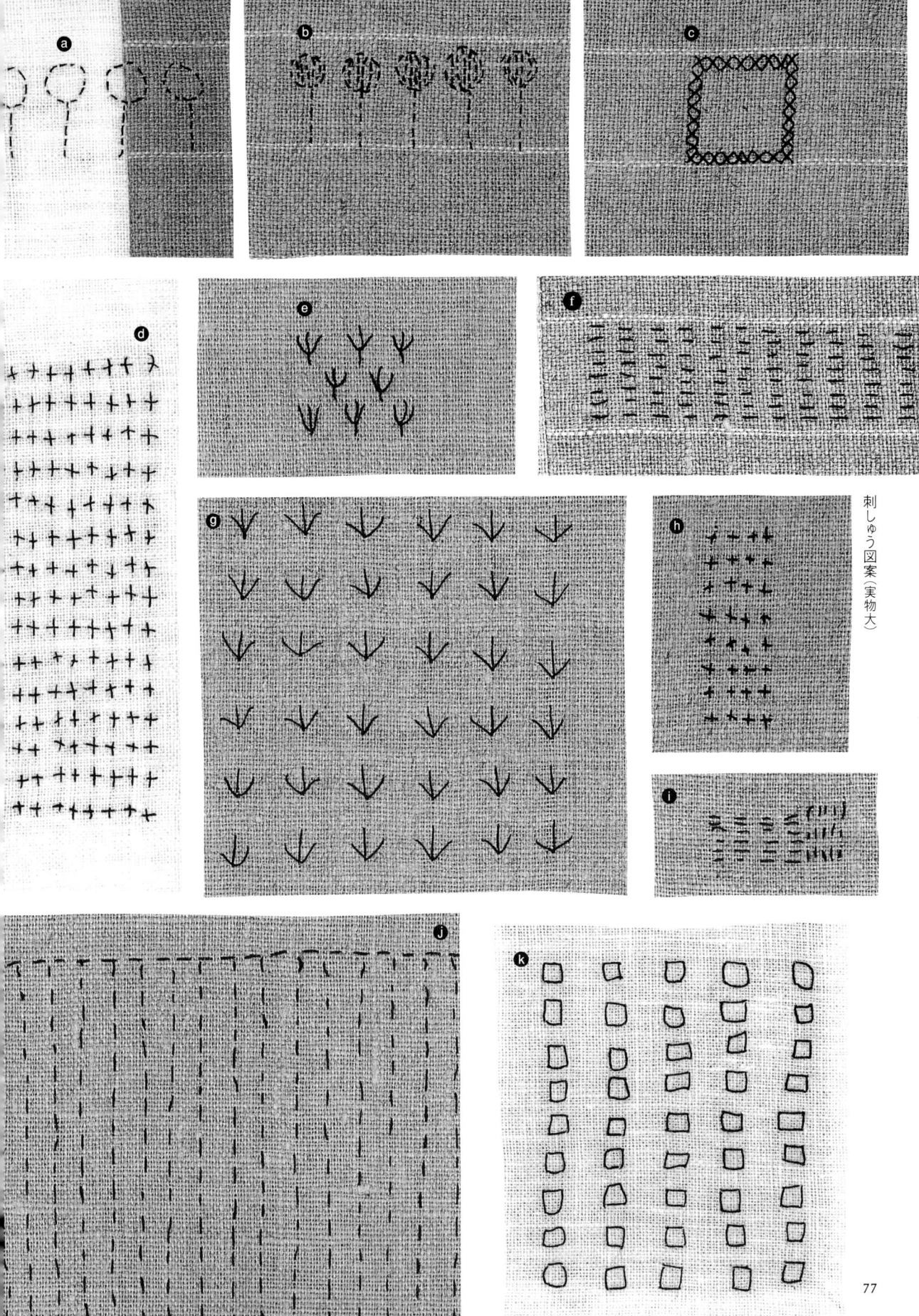

刺しゅう図案（実物大）

wanko

p.39

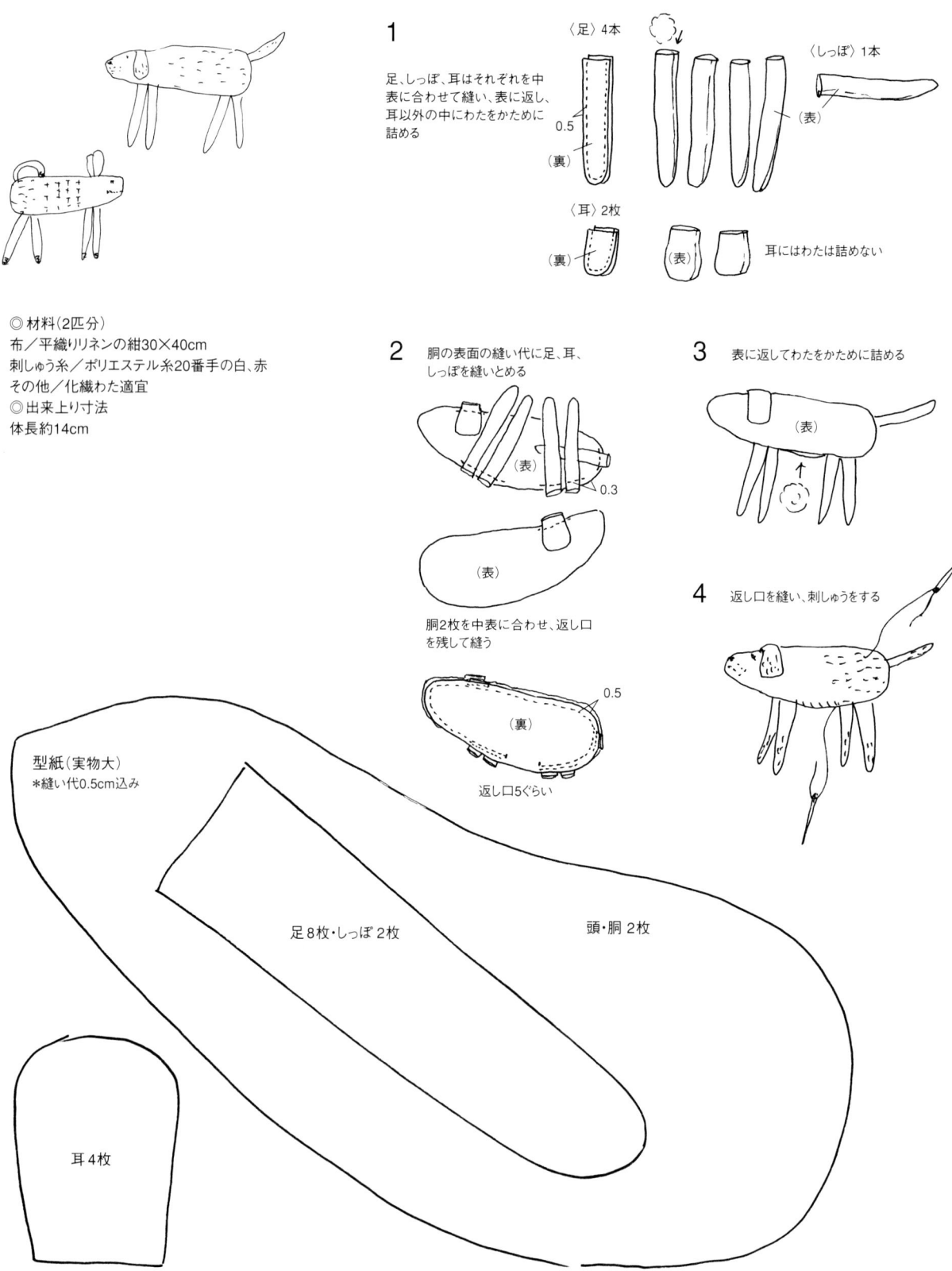

1

足、しっぽ、耳はそれぞれを中表に合わせて縫い、表に返し、耳以外の中にわたをかために詰める

〈足〉4本

〈しっぽ〉1本

0.5
(裏)
(表)

〈耳〉2枚
(裏)
(表)
耳にはわたは詰めない

2

胴の表面の縫い代に足、耳、しっぽを縫いとめる

(表)
0.3

(表)

胴2枚を中表に合わせ、返し口を残して縫う

(裏)
0.5

返し口5ぐらい

3

表に返してわたをかために詰める

(表)

4

返し口を縫い、刺しゅうをする

◎ 材料(2匹分)
布／平織りリネンの紺30×40cm
刺しゅう糸／ポリエステル糸20番手の白、赤
その他／化繊わた適宜
◎ 出来上り寸法
体長約14cm

型紙(実物大)
*縫い代0.5cm込み

足8枚・しっぽ2枚

頭・胴 2枚

耳4枚

apron
p.40

◎材料
布／平織りリネンのベージュ150cm幅
50cm、コットンのチェック92cm幅30cm
刺しゅう糸／ポリエステル糸20番手の紺
◎出来上り寸法
裾幅89×丈52cm

*ポケットは刺しゅうをしてからエプロン布につけ
ます。ひもは、まずリネンとチェック布をつないで1
本にし、出来上りの状態にたたんでアイロンをか
けます。次に表ひも側とエプロン布を中表に合
わせて縫い、裏ひもを裏面にまつりつけます。結
び部分はたたんだ状態で端にミシンをかけます。

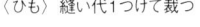

〈ひも〉縫い代1つけて裁つ

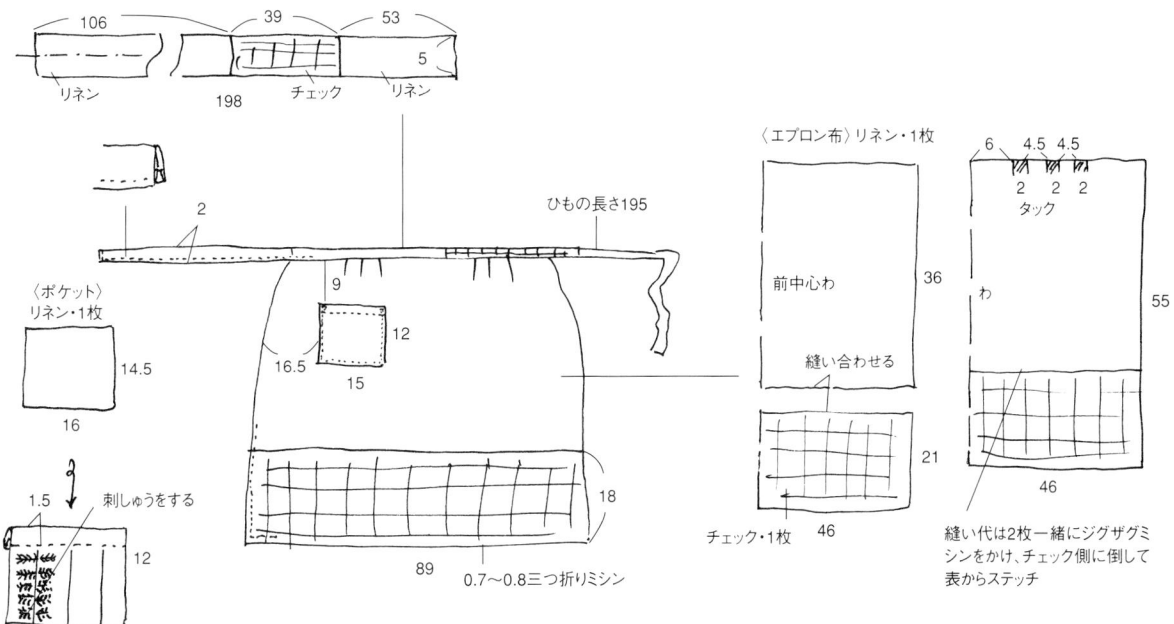

〈エプロン布〉リネン・1枚

前中心わ

36

縫い合わせる

チェック・1枚   46

6   4.5 4.5
2 2 2
タック

わ

55

46

縫い代は2枚一緒にジグザグミ
シンをかけ、チェック側に倒して
表からステッチ

〈ポケット〉
リネン・1枚

14.5
16

1.5
刺しゅうをする
12
15

2
ひもの長さ195

9
12
15
16.5

18
89
0.7〜0.8三つ折りミシン

106   39   53
リネン   チェック   リネン
198   5

photo: Go Watanabe

秋山祐子 あきやまゆうこ

武蔵野美術短期大学卒業後、テキスタイルに興味を持ち、
京都川島織物テキスタイルスクールを受講。
テキスタイル事務所を経て、レザーや布を使った作品の制作を始め、
現在に至る。年に数回の展示で、作品を発表。
著書に『レザーのおサイフ』（文化出版局）がある。

アートディレクション＆デザイン　柏木江里子
撮影　鈴木一成
衣装＆スタイリング　平岩夏野
ヘア＆メイク　堀江里美
モデル　広川祐子
イラスト　秋山祐子
編集　山田陽代

撮影協力：GALLERY 工　tel 03-3313-5065　http://www.ga-kou.com
渡辺浩幸（p.2キャビネット、p.11カッティングボード、p.34・35カフェオレボウル）、
柴原勝治（p.24円テーブル）、木曾三岳奥村設計所（p.24・25・40椅子）、片桐郁子
（p.28グラス）、福島万希子（p.29カップ＆ソーサー）、加藤由美（p.24カップ）、
YUGUE（p.11ジャム）、木村藤一（p.1鳥笛、p.13家、木、船）
製作協力：林 保子

布に描く糸模様

2006年2月19日　第1刷発行

著　者　秋山祐子
発行者　大沼　淳
発行所　文化出版局
　　　　〒151-8524　東京都渋谷区代々木3-22-7
　　　　tel 03-3299-2485（編集）　03-3299-2540（営業）
印刷所　株式会社文化カラー印刷
製本所　大口製本印刷株式会社